KB269480

서비스를
팔아라

서비스를

Sells The Services

팔아라

김근종(건양대 관광학과 교수) 지음

중앙경제평론사

　물건만 팔 것이 아니라 서비스도 팔아야 매출이 올라가는 시대가 왔다. 그렇다면 서비스를 어떻게 판매할 것인가. 정말 고민이다. 고객은 점점 수준이 높아지고 있다. 뿐만 이니라 고객은 이제 말로만 보상하는 업체에 등을 돌리기 시작했다. 뭔가 고객에게 이익을 제공할 수 있는 실속 있는 서비스에 관심을 갖기 시작한 것이다.

　이렇다 보니 고객은 똑같은 물건이라면 단돈 얼마라도 나에게 이익이 되는 매장으로 발길을 돌리고 있다. 고객에게 이익을 제공해줄 수 있는 방법은 여러 가지가 있다. 다른 매장과 비교하여 친절한 종업원도 고객에게는 이익이 된다. 그러나 종업원의 친절한 태도만 가지고는 차별화된 서비스라고 할 수 없다.

　한마디로 고객에게 큰 이익이 되는 것이 아니라는 것이다. 서비스는 기본이고 그외에 뭔가 고객에게 이익이 되는 것이 있어야 한다. 종업원도 친절하고 가격도 싸고,

게다가 고객이 이용하는 데 편리해야 한다. 이처럼 고객은 복합적으로 이익이 되는 매장에 관심을 갖는다. 그래서 고객이 몰리는 매장은 입구에 '우리 매장은 고객에게 서비스를 판매하고 있습니다' 라고 크게 광고를 한다.

그렇다면 고객이 원하는 서비스가 무엇인지부터 알아야 하지 않겠는가.

이 책의 1장에서는 고객을 제대로 알기 위해 고객은 어떤 특성을 가지고 있는지에 대해 심도 깊게 다루었다. 고객을 제대로 알고 나면 그 다음에는 고객에게 서비스를 제공하는 최일선에서 근무하는 직원에 대한 관리가 중요하다. 따라서 2장에서는 직원관리는 어떻게 해야 하는지에 대해 다루었다.

3장에서는 고객이 불편하다면 서비스를 팔았다고 할 수 없으므로 어떻게 하면 고객이 번거롭지 않고 편리하게 매장을 이용할 수 있는지, 즉 고객의 편리성에 대해 설명하였다.

이어 4장에서는 고객을 감동시킬 수 있는 아이디어를 집중 설명했다. 튀는 아이디어 없이는 절대로 고객 서비스를 판매할 수 없다는 전제 아래 고객을 기절시키는 아이디어에 대해 설명하였다.

5장에서는 고객으로 인해 문제가 발생했을 때 어떻게 해결해야 하는지에 대해 방법론적인 설명을 하였다. 물건을 판매하는 매장에서 서비스로 인해 문제가 발생하는 경우가 종종 있다. 이런 경우 어떻게 해결해야 하는지에 대해 자세하게 설명해놓았다.

그러나 고객에게 감동적인 서비스를 판매하기 위해서는 직원들의 지속적인 서비스 교육이 무엇보다도 중요하다. 따라서 6장에서는 아침 조례를 하는 방법을 통해 하루를 어떻게 시작할 것인지, 고객을 대하는 자세, 즉 기본에 충실하는 방법 등을 설명하였다.

　마지막으로 7장에서는 기업에서 너무 인색하면 고객이 등을 돌린다는 사실을 주지시키기 위해 고객이 몰리는 이벤트 서비스 행사에 대해 설명하였다. 고객은 종사원의 친절한 서비스도 중요하지만, 고객 자신에게 도움이 되는 물적 서비스를 받고 싶어한다. 이는 서비스를 판매하는 데 있어 가장 중요한 것이다.

　세상에 공짜는 없다. 이제는 고객에게 진정한 서비스를 판매하지 않고는 도저히 성공할 수 없는 시대가 온 것이다.

김근종

차례

1장

고객을 알아야
서비스도 잘 한다

- 고객은 심술쟁이, 변덕쟁이
- 고객은 사장보다 높다
- 말로 보상하면 화내고 돈으로 보상하면 웃는다
- 사람에 초점을 맞추자
- 거울이 주는 효과

고객은 심술쟁이, 변덕쟁이

고객은 심술궂고 변덕도 심하다는 사실을 잊지 말아야 한다.

가격을 제시하면 무조건 깎아야 직성이 풀리는 고객, 입구에 들어서자마자 인사를 안 했다고 매장을 나가버리는 고객, 물건을 판매하기 위해 열심히 설명하면 '흠, 뭔가 숨겨진 흠이 있겠지' 하고 의심하는 고객, 객실이 넓은데도 좁다고 빡빡 우기는 고객, 음식 잘 먹고는 나중에 음식에서 머리카락이 나왔다고 돈 안 내는 고객, 다른 곳에서 화나는 일을 당하고 엉뚱한 곳에 와서 화풀이하는 고객, 자기 주장 이외에는 직원의 말을 전혀 수용하지 않는 고객, 전에는 그 가격으로 구입하지 않았다고 하면서 값을 깎아

달라고 억지를 부리는 고객, 헌 구두를 신고 와서는 여기서 구두가 바뀌었다고 우기는 고객, 신혼여행 와서는 가방에 호텔 물건을 잔뜩 넣어가는 고객 등 이루 말할 수 없을 만큼 갖가지 변덕과 심술을 부리는 고객들이 많다.

고객의 특성을 미리 알고 있어야 바로 대처할 수 있다

그러나 이 모든 것이 고객의 일반적인 특성이라는 점을 알아야 한다. 서비스 현장에서 일하는 사람들이 고객과 말다툼하는 원인을 살펴보라. 위와 같은 고객의 부당한 불평불만에서 비롯된 경우가 많다.

처음부터 매장의 판매직원이 '고객에게 항상 조심해야지. 고객은 변덕쟁이니까' 라는 생각으로 고객을 대하는 것과 '항상 고객에게 친절해야지. 고객은 왕이니까' 라는 생각으로 고객을 대하는 것은 전혀 다른 결과를 불러온다. 고객의 특성을 미리 파악하고 있으면 대비할 수 있기 때문이다.

"이보시오, 방 청소를 한 거야, 안 한 거야? 방에 먼지가 있잖아. 당장 환불해주시오"라는 말을 들었을 때 고객의 특성을 이해하고 있는 직원이라면 "대단히 죄송합니다. 바로 조치해드리겠습니다. 청소를 담당하는 직원이 그만 실수를 한 것 같습니다. 입사한 지 얼마 안 된 직원이라 서툴러서 죄송합니다" 하면서 즉각적으로 대처한다. 변덕이 심한 고객의 특성을 이미 이해하고 있기 때문이다.

사실 직원이 보기에 방 청소는 아주 깨끗하다. 흠 잡을 데 없을 정도로 깨끗하다. 그러나 고객은 트집을 잡는다. 호텔에 처음 도착했을 때부터 뭔가 기분 나쁜 일이 있었던 모양이다. 고객이 부부싸움으로 기분이 상한 상태에서 호텔을 방문했을지도 모른다고 직원은 생각한다. 고객의 특성 중 하나는 다른 곳에서 기분이 나빴는데 엉뚱한 곳에 와서 화풀이를 한다는 점이다.

그러나 이와는 달리 고객의 특성을 제대로 파악하지 못한 직원은 "고객님, 방금 청소를 깨끗이 마쳤습니다. 고객님도 보시다시피 객실이 깨끗하지 않습니까? 다른 고객들은 이 정도면 아주 만족하십니다. 고객님께서 정 마음에 안 드신다면 바로 연락해서 방을 바꾸어드리겠습니다"라고 한다.

하지만 그 말이 떨어지기가 무섭게 "이보시오, 당장 환불해주시오. 기분 나빠 이 호텔에서 못 자겠네"라는 말이 나온다.

원인을 분석해보자. 처음에는 고객의 특성을 제대로 파악했기 때문에 그에 대한 적절한 대응조치를 취했다. 그러나 후자의 경우에는 고객의 특성을 파악하지 못했기 때문에 고객이 왜 화를 내는지 모른다.

이렇듯 고객을 대하는 자세는 어떻게 생각하고 있느냐에 따라 달라진다. 마음이 좋은 고객이 있는가 하면, 심술궂은 고객도 있다. 조금만 칭찬을 해줘도 좋아하는 고객이 있는가 하면, 말을 거는 것 자체를 무례한 행동이라고 생각하는 고객도 있다.

객실에서 머리카락 하나만 나와도 "이봐, 당신들 이게 뭐야? 도대체 청소를 하는 거야, 안 하는 거야? 이런 방으로 어떻게 손님을 맞는단 말이오? 당장 환불해주시오"라고 즉석에서 전화로 항의하는 고객이 있는가 하면, 전혀 개의치 않고 조용히 객실을 사용하는 고객도 있다.

물론 조용한 고객이라고 해서 안심해서는 안 된다. 조용한 고객들은 불만이 있어도 말을 안 하는 대신 그 호텔을 다시는 찾지 않을 수도 있다. 그러나 항의를 한 고객은 사

건을 잘 수습해서 서비스를 해주면 오히려 단골고객으로 바뀌기도 한다.

따라서 고객이 항의한다고 무조건 까다로운 고객으로 단정지어서는 안 된다. 마찬가지로 조용한 고객이라고 해서 불평불만이 없는 것은 아니므로 늘 주의를 기울여야 한다.

이처럼 어떤 형태로든 심술 많고 변덕이 심한 고객은 항상 존재한다. 당신이 서비스 업종에 근무한다면 지금 이 순간에도 당신을 괴롭힐 수 있다. 그러나 마음속으로 '고객은 대부분 심술쟁이거나 변덕쟁이야'라고 생각하고 대하면 전혀 마음 아프거나 속상할 일이 없다. 고객의 특성이 그런 걸 어떻게 하겠는가 말이다.

고객의 특성은 이외에도 여러 가지가 있다. 기분 나빠 떠난 고객이 다시 오는 데는 3년 정도 걸린다.

싫어도 무표정, 좋아도 무표정한 사람이 고객이다. 오로지 자신만 알아주는 직원을 좋아하는 사람이 고객이다. 속마음을 도저히 알 수 없는 사람이 고객이다. 조금도 손해 보지 않으려고 온갖 노력을 다하는 사람이 고객이다. 자기가 지불한 만큼 항상 이익이 있는지 따져보는 사람이 고객이다.

당신은 고객의 특성을 제대로 이해하고 있습니까?

- 고객은 자신만 알아주기를 기대합니다.
- 고객은 기다리는 순서가 바뀌면 무척 기분 나빠 합니다.
- 고객은 공짜를 좋아합니다.
- 고객은 변덕이 심합니다.
- 고객은 복잡한 것을 싫어합니다.
- 고객은 늘 매장의 직원들을 평가합니다.

고객은 사장보다 높다

"고객을 상대하고 있을 때는 사장이 들어와도 인사하지 마라. 고객이 우선이다. 고객이 있어야 장사를 할 수 있다. 고객이 있기 때문에 조선전기가 있다."

이 말은 일본의 유명한 기업인 조선전기 사장이 아침 조례시간에 직원들 앞에서 자주 말한 내용이다. 얼마나 고객을 왕으로 모셨으면 이런 말을 할 수 있을까. 고객을 생각하는 마인드가 대단한 사장임에 분명하다. 그래서 그는 일본에서 널리 알려진 성공한 기업인이 되었다. 보통 사람으로서는 참으로 실천하기 어려운 말이다.

예를 들어보자. 만약 당신이 백화점의 여성의류 매장에서 고객에게 옷 판매와 관련된 이야기를 주고받고 있는데 백화점 총수인 회장이 나타났다고 하자. 그러면 당신은 어떻게 할 것인가? 이런 상황이 오면 거의 대부분의 직원은 상담하는 고객을 제쳐놓고 회장에게 다가가 "안녕하십니까" 하고 인사할 것이다.

그렇지 않은가. 아무리 고객이 중요하다 해도 회장에게 잠시 인사하는 것을 문제삼진 않을 것이다. 그리고 인사한 직원에게 회장은 "인사를 잘 하는 직원이군" 하면서 칭찬을 할 것이다.

만약 회장이나 사장이 나타났는데도 전혀 아는 체를 하지 않는다면 괘씸죄로 인사상 불이익을 당할 수도 있을 것이다. "저 매장에 있는 친구 말이야. 어떻게 된 거야? 교육을 어떻게 시켰기에 회장이 나타났는데 아는 체도 안 해. 따끔하게 주의를 줘야 하지 않겠나?" 하면서 말이다.

그러나 조선전기 사장인 히로미츠는 이런 경우 오히려 직원을 칭찬해주었다고 하니, 진정으로 고객을 생각하는 사장이라는 걸 알 수 있다. 그는 고객 위에는 아무도 없다는 생각으로 모든 직원들을 교육시킨다. 히로미츠는 직원들에게 영업을 할 때는 자신이 회사의 대표자, 즉 사장인 것처럼 행동하라고 말한다.

이는 고객을 최우선으로 생각하라는 강력한 메시지이다. 경영진에서는 매일 서비스 교육을 시키고 있다. '고객은 왕이다'라는 말을 주입시키면서 고객을 높게 보라고 한다. 당신이 고객과 상담하고 있을 때 만약 사장이나 회장이 나타났다면 그들에게 인사도 하지 않은 채 영업에 집중할 수 있겠는가? 그것은 매우 힘든 일이다. 직원들의 노력만으로는 절대 가능한 일이 아니다.

최고경영자의 의식이 먼저 변해야 한다

경영을 책임지는 최고경영자가 고객을 대하는 자세를 바꾸지 않으면 직원들이 진정한 고객 서비스를 행동으로 옮길 수 없다. 직원의 입장에서 볼 때 사장이나 회장은 중요한 사람이다.

그러나 고객의 입장에서 볼 때 사장이나 회장은 자신과 전혀 무관한 존재이다. 고객은 그저 물건을 사러 왔을 뿐이므로 사장과 회장에게 경의를 표하거나 말을 걸 필요도 없다. 고객은 자신 스스로가 사장이나 회장보다 높은 위치에 있다고 생각할 수 있다. 사장이나 회장이 만든 상품을 구입하기 때문이다.

"사장이 나와 무슨 상관이야. 거참, 나한테 물건에 대해 설명해주다 말고 직원들이 사장이 온다고 호들갑이나 떨고 난리람" 하면서 화를 낼 수 있다는 사실을 명심하자. 그리고 고객들은 이런 생각을 할 것이다. '아니, 여기가 무슨 군대야. 열병식이라도 하고 있나. 왜들 난리야. 이 백화점이 어떤지 알 만하군' 하면서 어이없어 할 것이 분명하다. 그러나 상당수 기업들은 아직도 이런 문화에 깊숙이 빠져 있다.

서비스 교육을 하다 보면 회장이 빠지면 사장도 빠지고, 이어 상무, 이사도 빠져 결국에는 최말단 직원만 남아 인사교육을 받고 있다. 고객 앞에서는 그 누구도 위아래가 없다. 오직 고객이 가장 높은 위치에 있다는 인식이 기업에 확산되었을 때 비로소 고객을 감동시키는 서비스가 나올 수 있다.

바로 이런 문제를 경영진이 정확하게 이해하고 있어야 한다. 진정으로 서비스에 목숨을 거는 기업이라면 사장이 오든 회장이 오든 직원들은 오직 고객과 상담하는 데만 집중해야 한다. 상황이 어찌되었든 간에 말이다.

고객은 왕이다. 이런 말을 자주 듣는다. 그러나 정작 고객을 대할 때 진정으로 왕으로 모시고 있는지 생각해보자. 서비스 교육을 할 때 가장 강조해야 할 것이 바로 이런 부분이다.

직원은 고객과 상담할 때는 회사 내의 지위 여하를 막론하고 누가 불러도 갈 필요가 없다는 사실을 주지시킬 필요가 있다. 사람 목숨이 왔다 갔다 할 정도로 중요하고 긴박한 사안이 아니라면 고객과의 상담 중에는 미팅에 참가하라고 재촉해서는 안 된다.

이런 규정을 기업 차원에서 만들어 운영하는 곳도 있다. 서비스 문화가 정착된 기업에서는 매장에 회장이나 사장이 나타났을 때 당황하거나 긴장하지 않는다. 직원들에게 고객을 대하는 데 있어서만큼은 누구의 통제도 받지 않도록 과감하게 절대권한을 주어야 한다.

그리고 서비스 교육 담당자는 이런 점을 면밀히 연구하여 고객과 직원 간의 관계설정을 명확하게 해주어야 한다. 첫째도 고객, 둘째도 고객이라는 사실을 각인시켜주어야 한다.

모든 직원이 고객은 회장이나 사장보다 더 중요한 존재

라는 인식을 가지고 있을 때 진정한 친절 서비스 문화가
정착된다. 일단 매장에 들어서면 당신은 사장의 직위로 고
객을 대하는 것이다.

**서비스 문화가 뿌리내리기 위해서는 어떻게 해야 한다고 생
각합니까?**

- 고객이 가장 중요하다는 인식을 직원들에게 심어주어야
  합니다.
- 사장의 입장에서 직원들도 고객이라고 생각해야 합니다.
- 회사헌장보다는 고객헌장이 우선적으로 매장에 걸려 있어
  야 합니다.
- 모든 시스템을 고객 중심으로 바꾸어야 합니다.

말로 보상하면 화내고
돈으로 보상하면 웃는다

요즘은 신용카드 시대다. 보통 한 사람이 소지하고 있는 신용카드는 2~3개 정도다. 이렇다 보니 신용카드로 인한 문제도 많이 발생한다. 사용하지 않은 요금이 청구되기도 하고, 분실된 카드로 사고가 발생하기도 한다.

이럴 때 카드사에 전화를 하면 문제가 어디에서 발생했는지부터 따져 묻는다. 고객의 잘못이냐, 카드사 잘못이냐에 큰 비중을 두고 상담한다. 당연히 고객에게 문제가 있는 경우도 많다.

그러나 고객을 상대하는 서비스 업체라면 서비스로 확실하게 믿음을 주기 위해 금액이 적은 것은 과감하게 청구액에서 삭제해주는 것이 좋다. 물론 쉬운 일은 아니다. 아주 사소한 금액, 예를 들면 몇 백 원을 가지고 끝까지 따지면서 자신이 사용하지 않았다고 주장하는 고객도 많다. 이럴 때 간단하게 입증할 수 있는 자료가 제시되면 청구금액에서 삭제해주는 게 낫다.

은행도 마찬가지이다. 액수가 적은 금액을 가지고 고객과 '이게 옳다, 저게 옳다'라고 따질 것이 아니라 적은 금액이라면 과감하게 포기하라. 은행은 정확하게 계산하는 것으로 알려져 있다. 그러나 고객 서비스 차원에서 적은 금액은 과감하게 포기하는 것이 낫다. 이 역시 사소하지만 중요한 서비스이다.

음식점에서도 이런 서비스 전략을 활용하라. 요즘 고객을 기다리게 하는 음식점이 한두 곳이 아니다. 고객을 오래 기다리게 할 경우 요금을 받지 마라. 정확한 시간을 재기 위해 테이블 위에 시계를 부착해놓으면 고객도 심심하지 않다. "이 음식점은 테이블에 시계도 붙어 있네" 하면서 재미있게 생각한다. 여기에 한술 더 떠서 맛이 없으면 아예 돈을 받지 마라. 입구에 "맛이 없으면 돈을 내지 마십시오"라고 적어 광고하는 것도 한 방법이다.

적은 금액은 과감하게 포기하라

고객은 자신에게 이익이 되지 않는 업체에 대해서는 냉정하게 대한다는 사실을 알아야 한다. 방법은 딱 한 가지, 끝까지 책임을 져주는 것밖에 없다. 이는 금전적으로 보상하든가, 아니면 물질적으로 보상해주는 것이다.

며칠 전 도자기를 구입했는데 청소를 하다가 그만 깨뜨려버렸다. 도자기의 특성상 청소를 하다 보면 실수로 깨지는 경우가 있다. 이 역시 고객의 잘못으로 도자기가 깨진 것이 분명하다. 그러나 그 액수가 어마어마한 경우가 아니라면, 그저 간단하게 집 안에 장식용으로 사용하는 도자기라면 "여보세요. 죄송합니다만 도자기를 그만 깨뜨렸어요"라는 전화가 걸려오면 과감하게 "걱정하지 마십시오, 당장 변상해드리겠습니다"라고 해보라.

이 역시 쉬운 일은 아니다. 그러나 고객이 거짓말로 도자기를 깨뜨렸다고 하지 않았다면 한번 판매한 물건에 대해 끝까지 책임지는 정신을 높이 사서 당신의 매장에 대해 좋은 소문으로 이어진다.

택배회사도 마찬가지로 늘 분쟁이 생기는 곳이다. '아

니, 어제 분명히 도착했어야 할 우편물이 아직까지 도착하지 않았습니다. 어떻게 된 일입니까? 상당히 중요한 서류인데 말입니다"라고 고객이 물을 때 "네, 곧 도착할 것입니다. 아마도 우편물이 밀리다 보니 택배 직원이 조금 늦는 것 같습니다"라고 대처하는 순간, 당신은 고객을 잃어버린다는 사실을 명심하라.

택배를 수령한 순간부터 약 1시간 이내에 보낸 택배가 현재 "천안을 지나고 있습니다. 곧 대전에 도착할 예정입니다"라고 말할 수 있을 정도로 시간당 택배의 흐름을 고객에게 곧바로 전달할 수 있는 시스템을 갖추고 고객을 대하라.

고객은 빠른 것에 익숙해 있다. 인터넷으로 정보를 검색하여 빠르게 정보를 얻는 시대, 문자로 메시지를 실시간으로 보내는 시대이므로 택배물건 역시 빨리 전달해야 한다. 또한 고객이 원하는 시간에 도착하지 못했다면 전액 배상으로 책임져라. 고객에게 더 이상의 서비스는 필요없다.

고객의 입장에서 볼 때 "잘못했습니다, 죄송합니다, 바빠서 그랬습니다" 하는 말은 아무 의미가 없다. 이런 말을 들은 고객은 더 이상 당신의 회사에 물건을 맡기지 않는다는 사실을 명심하라.

병원도 마찬가지이다. 매일 응급실에서 문제가 발생한다. 급한 환자가 응급실에 도착해보니 이미 다른 환자가 많이 있어 줄을 서서 기다려야 하는데, 이 순간 환자는 숨이 멎을 수도 있다. 아예 병원 입구에다 "우리 병원의 응급실에서 20분 이상 기다리면 환불 조치하겠습니다"라고 써 붙여라. 빠른 서비스에 익숙한 환자 고객에게 원인과 결과를 따지는 것은 필요없다. 이들은 오직 자신의 입장만 생각하기 때문이다.

음식점에서 가끔 머리카락이 나왔느니, 벌레가 있다느니 하는 문제로 음식점 사장과 고객이 옥신각신하는 모습을 보곤 한다. "우리 음식점은 위생이 철저해서 절대 머리카락이 나오지 않습니다. 지금까지 한 번도 머리카락이 나온 적이 없습니다" 하면서 고객과 실랑이를 벌일 것이 아니라, "대단히 죄송합니다. 아마 주방에서 음식을 만드는 과정이나 음식을 가져오는 과정에서 머리카락이 들어간 모양입니다. 바로 조치해드리겠습니다" 하고 새로운 음식을 갖다준다.

이 정도의 서비스로 고객에게 감동을 줄 순 없겠지만 제대로 된 서비스를 하는 음식점이라고 생각할 수는 있다. 여기서 한 발 더 나아가 새로운 음식을 갖다주고 "고객님, 대단히 죄송합니다. 저희들은 책임을 통감하며 음식값을 받지 않겠습니다" 하면서 과감하게 음식값을 포기하라.

괜히 몇 푼 아끼려다 고객을 잃어버리고 주변에 좋지 않은 소문이 퍼져 더 큰 피해를 볼 수 있다. 음식값을 받지 않는 것뿐만 아니라 적정한 액수를 봉투에 담아 사과의 말과 함께 건네라.

통계에 따르면 불만족한 고객은 9명의 다른 사람들에게 자신의 불만을 이야기하며, 그중 13%는 20명 이상에게 이야기한다고 한다. 이 말은 그 유명한 노드스트롬 백화점의 이사였던 뱃지 샌더스가 한 말이다. 그만큼 불만족스런 고객을 잘못 처리했다가는 어떤 일이 발생할지 모른다는 사실을 알려주는 메시지라고 할 수 있다.

무조건 고객에게 사과하고 책임을 져주는 서비스, 물론 쉬운 일은 아니다. 그러나 영업을 하면서 고객과 이런저런 일이 발생할 때마다 가장 근본적인 문제는 바로 돈에 있다. 돈을 받느냐 안 받느냐를 두고 고객과 언쟁하는 경우가 대부분이다.

이때 큰 액수가 아니라면 끝까지 책임지는 자세로 과감하게 포기하라. 그것이 고객과의 싸움에서 이기는 방법이다. 고객은 지면서 웃고, 당신의 업체를 영원히 사랑할 것이다. 사소한 돈 문제로 싸우지 말고 사소한 서비스로 해결하라.

*S*ervice *p*oint

당신은 고객과 분쟁이 일어날 때 어떻게 해결하는 것이 가장 좋은 방법이라고 생각합니까?

- 만약 당신이 6하원칙에 의거해 고객과 조목조목 따져가면서 문제를 해결한 경험이 있다면 당장 방법을 바꿔야 합니다.
- 적은 금액은 과감하게 포기하십시오.
- 고객과 분쟁을 하게 되면 결국 당신은 고객을 잃어버리게 됩니다.
- 고객이 가장 듣고 싶어하는 말은 "돈을 받지 않겠습니다"입니다.
- 보상을 해주면 고객은 당신의 영원한 파트너가 될 수 있습니다.

사람에 초점을 맞추자

서비스 현장 최일선에서 근무하다 보면 고객과 언성을 높이는 일이 종종 발생한다. 고객들 중에는 아무 문제도 아닌 것을 가지고 트집을 잡거나 우기는 사람이 있기 때문이다. 물론 직원이 잘못한 경우도 적지 않다. 직원의 입장에서 볼 때 분명히 조기는 바다에서 잡는 것인데, 어떤 고객은 산에서도 조기를 잡을 수 있다고 우기는 경우가 있다. 이런 경우 무척 난감하다.

이처럼 상식이나 말로는 도저히 상대하기가 벅찬 고객이 한두 명이 아니다. 그래서 서비스 업종에서 근무하는 사람, 그것도 매일 고객과 접촉하는 직원의 경우 스트레스가 쌓여 술도 마시고 노래도 부른다.

그러나 잘 살펴보면 직원들이 문제를 해결하는 능력이 부족해서 고객의 불평과 불만이 발생하는 경우도 많다는 사실을 주목할 필요가 있다. 고객을 매일 상대하는 사람이라면 '지금 고객이 화가 많이 나 있군' 하고 재빨리 간파해야 한다.

주문한 음식이 늦게 나올 경우 고객이 거칠게 항의할 수 있다. 당연히 고객의 입장에서는 화가 난다. 그래서 직원이 음식을 들고 오는 순간 "왜 이렇게 음식이 늦게 나오는 거요?" 하면서 음식 맛을 보기도 전에 화를 버럭 내버린다. 이쯤 되면 고객은 다시는 방문하지 않을 확률이 매우 높다. 이미 기분이 상해버렸기 때문이다.

그러나 고객이 화를 내기 전에 센스 있는 직원이 "고객님, 늦어서 대단히 죄송합니다. 음식을 조금 많이 드렸습니다"라고 말한다면 고객은 조금 화가 누그러질 수 있다. 직원이 먼저 고객이라는 '사람'에 초점을 맞추어 사과를 했기 때문이다.

대부분의 서비스 업체 직원들이 실수하기 쉬운 것 중 하나가 사람에 초점을 두지 않고 내부의 시스템이나 물건에 초점을 맞추어 대응하기 때문에 고객이 머리끝까지 화를 내는 것이다.

음식이 늦게 나온다고 고객이 화를 낼 때 "죄송합니다. 음식 주문이 많이 밀려서 늦었습니다"라면서 음식 주문에 원인이 있음을 탓한다면, 고객에게 진정한 사과를 하는 것으로 비쳐지지 않기 때문에 고객은 더욱 화가 난다.

고객의 입장에서는 "왜 제 시간에 지키지 못할 음식 주문을 많이 받고 난리야. 돈 버는 데만 욕심이 꽉 차 있군" 하면서 더 화가 난다는 사실을 잊지 말아야 한다. 사람이 화를 내고 기뻐하는 것이지, 절대 물건이 화를 내고 기뻐하는 것이 아니다.

일단 고객에게 문제가 발생할 확률이 높은 일에 대해서는 '고객을 만나는 순간 어떤 말을 먼저 해야 하나' 라고 미리 생각을 해두어야 한다. 그리고 적절하게 대처하면 고객의 불만을 다소 해소할 수 있다.

사전에 예약을 하고 온 고객에게 호텔의 객실을 판매하는 직원이 "죄송합니다. 방금 전에 그만 객실을 모두 판매해서 대단히 죄송합니다"라고 말했다고 생각해보라. 아마도 고객은 화가 나서 당장 고발조치를 취할지도 모른다. 그리고 더욱 못 말리는 고객이라면 호텔 로비에 드러누워 항의를 할 수도 있다. 이뿐인가. 언론에 호텔의 이런 예약 상황을 알려 혼내주려 할 것이 뻔하다.

이럴 때 센스 있는 직원이라면 사람, 즉 고객에 초점을 맞추어 생각한다. '고객이 도착하는 대로 곧바로 다른 호텔에 묵을 수 있도록 미리 예약을 해놓아야지. 그리고 다른 호텔까지 모셔다드릴 차량도 준비해놓고, 식사는 우리 호텔에서 무료로 제공해드려야 할 것 같아'라고 미리 판단하고 고객을 대하면, 문제가 발생할 소지가 높은 상황이라도 어느 정도 차단할 수 있다.

고객은 예약사항이 지켜지지 않은 것에 대해 화가 나긴 하겠지만, 그래도 그 상황에서 최선을 다해 일처리를 해주려는 직원을 보고 어느 정도 화가 풀릴 것이다. 또한 숙박할 곳이 전혀 없는 것이 아니라, 직원이 다른 호텔에 객실을 마련해놓았기 때문에 당장 급한 문제는 해결된 상태이기 때문이다.

아무런 해결책도 제시하지 않은 채 갑자기 고객들의 예약이 넘쳐나서 객실을 제공할 수 없다는 변명은 통하지 않는다. 사람에 초점을 맞추지 않았기 때문에 이런 식으로 대처하는 것이다.

모든 문제는 사람만 해결하면 끝난다. 문제는 아주 사소한 일 때문에 발생하기도 하지만, 사람에 초점을 맞추어 사소한 서비스를 제공하면 큰 문제도 의외로 쉽게 해결되는 경우가 많다. 그저 상징적으로 고객에게 보상을 해줘도 고객은 좋아한다.

또한 사소한 상징성이 섞인 말 한마디도 사람에 초점을 맞춰야 한다는 것을 명심해서 실천해야 한다.

*S*ervice *p*oint

고객 서비스로 인해 문제가 발생하면 무엇을 우선적으로 생각해야 할까요?

- 문제가 발생하면 고객 앞에서 절대 매장 내의 시스템을 탓하지 마십시오.
- 고객에게 자신은 책임자가 아니라고 변명하지 마십시오.
- 일단 문제가 발생하면 고객을 최우선으로 생각하고 사과하십시오.

거울이 주는 효과

오늘 하루 몇 번이나 거울을 보았는지 생각해보라. 아침에 일어나 세수할 때 한 번, 식사하고 집에서 나올 때 한 번, 직장에 도착해서 화장실에 가서 한 번, 점심 먹고 화장실에 가서 한 번, 저녁 먹고 한 번 등 적어보면 하루에 3~4번 이상은 거울을 볼 것이 분명하다.

"나는 단 한 번도 거울을 보지 않는데"라고 말하는 사람도 있다. 물론 그런 사람이라면 주변 사람을 전혀 의식하지 않으며 그냥 되는 대로 사는 사람이다. 밤에는 역에서 자기도 하고 낮에는 공원에서 잘지도 모른다. 과연 당신이라면 이런 습관으로 살 수 있는가? 정상인이라면 힘든 일이다.

고객을 위한 서비스를 제대로 하려면 거울을 준비하라. 그것도 아주 큰 거울이면 서비스 만점이다. 고객 서비스를 어렵게 생각할 것이 아니라, 고객이 관심을 갖는 것에 대해 집중적으로 연구하고 찾아내는 것이 진짜 서비스이다.

"아니, 서비스도 진짜가 있고 가짜가 있단 말이오?"라고 묻는다면 "당연히 가짜가 있습니다. 바로 고객을 실망시키는 서비스는 가짜 서비스라고 할 수 있지요. 매일 서비스 문제로 고민하는 업체가 한두 곳입니까. 지금 당장 백화점으로 뛰어가든지 시장으로 가십시오. 거울을 사기 위해 말입니다"라고 대답할 수 있다.

고객이 들어서는 순간 가장 관심을 갖는 것은 자신의 얼굴 모습과 복장이다. 월드컵 경기에서도 보지 않았는가. 관중들이 자신의 얼굴이 TV에 나오면 표정이 어떤지 말이다. "야, 죽인다. 저게 내 얼굴이야" 하면서 자랑한다. 그리고 몇 번이고 반복해서 보려고 한다.

이뿐인가. 신문이나 잡지를 보면 표지가 먼저 눈에 확 들어온다. 표지도 일종의 얼굴이기 때문이다.

만약 당신이 은행에 볼 일이 있어 갔다고 치자. 먼저 은행 창구로 갈 것이다. 그러나 은행 창구에는 당신만 있는 것이 아니라 먼저 온 고객들이 번호표를 뽑고 기다리고 있다. 그러면 당신은 의자에 앉아 있든 서 있든 번호표를 뽑고 기다린다. 이 지루한 기다림의 시간이 얼마나 짜증나겠는가.

시간은 계속 흘러가고 번호는 안 나오고 "아이고, 미치겠네. 뭐야"라면서 짜증날 것이다. 이럴 때 은행에서 큰 거울을 준비해 고객이 대기하는 홀의 중간에 걸어놓는다면 모든 고객이 한 번쯤 그 거울 앞에서 자신의 모습을 비춰볼 것이다. 물론 몇 십 분 동안 거울 앞에서 보는 것은 아니지만, 아주 짧은 찰나의 시간이라도 고객은 무척 흥미롭고 덜 지루해할 것이다.

사람들은 거울 보는 것에 관심이 많다

기업에서도 마찬가지이다. 화장실에 들어가야 거울을 볼 수 있게 할 것이 아니라, 현관에 들어서는 순간 바로 볼 수 있도록 입구에 큰 거울을 달아보자. 입구에 들어서는 순간부터 사람들은 거울을 볼 것이고, 자신의 복장, 얼굴, 인상 등을 한 번 더 점검하고 당신을 만날 것이다. 그만큼 경건

하게 마음을 다듬을 수 있는 기회를 제공해주는 것이다.

음식점도 마찬가지이다. 사람을 만나기 전에 먼저 화장실에 들어가서 자신의 얼굴을 본다. 입구에 큰 거울을 걸어놓으면 들어서는 순간 자신의 얼굴을 볼 수 있으니 굳이 화장실까지 가지 않아도 되어 좋다. 큰 거울을 걸어놓으면 직원들도 수시로 볼 수 있고 사장도 볼 수 있고 고객도 볼 수 있어 일거양득이다.

매일 나를 비춰주는 물체가 있다는 것은 즐거운 일이다. 그리고 입구에 큰 거울이 걸려 있으면 '복장을 단정히 해야겠군' 하는 메시지를 무언중에 전달하는 효과를 발휘할 수도 있다.

여자들은 특히 핸드백 속에 자신만의 얼굴을 볼 수 있는 미니 거울을 가지고 다닌다. 이미 거울에 익숙해져 있다는 말이다. 요즘은 남자들도 거울을 가지고 다니는 사람들이 늘어나고 있다. 예뻐 보이기 위해 항상 거울을 보지만, 혹시나 얼굴에 이상한 것이 묻어 있지 않나 점검하는 차원에서도 거울을 본다.

서비스란 사소한 것에서부터 시작된다. 그리고 고객은 사소한 서비스에 감동을 받는다. 매장에 큰 거울을 준비해놓는 것은 어려운 일이 아니다. 사소한 물건을 준비해놓는 것이지만 이런 사소한 배려가 서비스에서는 큰 효과를 발휘한다.

사람은 심리적으로 불안할 때 거울을 보기도 하고, 즐거울 때도 한 번 더 거울을 본다. 거울 속에서 무언가 찾고 싶은 것이 있는 모양이다. 바로 이 점을 간파해야 한다.

거울을 걸어놓으라고 했더니 그저 고양이 얼굴 크기만한 거울을 걸어놓은 곳도 보았다. 고객이 보기에 '참으로 속이 좁은 사장이군'이라고 생각할 수도 있다. 반면 큰 거울을 입구에 걸어놓으면 '이 집은 근사해 보이는데' 하면서 거울 하나가 매장의 전체 분위기를 좌우하는 것처럼 생각하게 된다.

사람들이 평소에 거울을 보는 습관을 제대로 간파하여 큰 거울을 준비해두어 매장에 들르는 고객들이 거울을 실컷 보게 하자. 이는 고객을 찰나의 순간 동안 스타로 만들어주는 효과가 있다. 그리고 당신의 매장을 한 번 더 생각나게 한다.

물론 가장 큰 효과는 돈을 적게 들이고도 고객이 관심을 갖는 부분을 해결해준다는 점이다. 이 역시 사소한 서비스이다. 그저 사소한 거울 하나가 당신의 매장 분위기를 바꾸는 것은 물론, 고객에게 한층 더 다가설 수 있는 서비스를 제공해줄 것이다.

Service **p**oint

분위기를 바꾸어주는 거울 서비스를 알고 있습니까?

- 화장실에는 반드시 거울을 준비하고 그 아래에 고객 사랑이라고 써붙이십시오.
- 입구에는 전신을 볼 수 있는 대형 거울을 준비합니다.
- 광이 나도록 매일 거울을 깨끗이 닦아놓아야 합니다.
- 앞모습, 옆모습, 45도, 60도, 180도, 360도 모두 볼 수 있는 거울이면 더욱 좋습니다.
- 매장에 거울을 설치하면 매장이 두 배로 크게 보입니다.
- 바닥에 거울을 깔면 여성 고객이 싫어한다는 사실을 명심하십시오.

2장

직원관리는 서비스의 기본

떠나는 직원에게 따뜻한 말을 건넨다

여러 곳에서 직장생활을 한 사람의 경험담을 들어보면 자신이 한때 몸담았던 곳에 대해 좋은 감정으로 말하지 않는 경우가 많다.

오랜 세월을 사장과 함께 열심히 일했지만 "사장님, 이제 그만두고 다른 회사로 옮기게 되었습니다"라는 말을 함과 동시에 사장은 전혀 말이 없다. 아니면 "잘 살아보게. 아마도 나 같은 사장은 만나기 힘들 거야. 가서 분명히 후회할 걸세"라는 말을 많이 들었다고 한다.

필자 역시 오랜 세월 동안 직장생활을 했지만 그만둔다고 하면 사장이 나타나지도 않는 경우를 목격했다. 떠나기 전에 마지막으로 인사를 하려고 해도 받아주지 않는 경우가 있다.

이런 분위기에서 고객에게 제대로 서비스할 수 있다고 생각하는가? 남아 있는 동료들은 "자네, 너무 부럽네. 부디 잘 살게나. 나는 언제쯤 이 직장을 그만두나……" 하면서 떠나가는 당신을 부러워할 것이다. 직장을 그만두고 떠나는 사람을 부러워할 정도의 기업이라면 고객을 위한 서비스는 말만 그럴 듯하고 형식적일 게 뻔하다.

직장을 그만둔다는 자체를 두려워하고 아쉬워서 도저히 그만둘 엄두가 나지 않아야 좋은 직장이 아닌가. 그저 틈만 나면 이력서를 여기저기 넣고 어떻게 하면 이 직장을 때려치우나 고심하는 분위기의 기업이라면 고객을 위한 서비스는 당장 그만두라고 권하고 싶다.

떠나는 직원에게 "그 동안 정말 수고 많았네. 별로 잘 해주지도 못하고 고생만 하고 가는군. 다른 직장에 가더라도 꼭 놀러오게나. 술 한잔 마음놓고 하자고"라고 말하는 사장을 찾아보기 어렵다. 이런 분위기의 직장이라면 아마도 직원들은 그만두는 것을 오히려 두려워할 것이다.

적어도 그만둔 사람이 자유롭게 놀러오기도 하고, 옛 직장동료도 만나고 사장도 만나서 자유롭게 이야기할 수 있을 정도의 분위기를 만들어놓아야 한다. 특히 서비스가 중요한 업체라면 말이다. 직원들이 매일 긴장하고 그저 마지못해 일한다면 고객을 위한 서비스는 보나마나다.

직장 내 종사원들은 그만두는 사람을 어떻게 대우하는지에 대해서도 상당한 관심을 갖고 있다는 사실을 주목해야 한다. 만약 당신이 사장이라면 말이다. 그만두는 사람, 즉 직원은 사장과 면담한 이야기를 있는 그대로 동료 직원들에게 전달한다. "그만둔다고 했더니 차도 한잔 안 주면서 그냥 휭 나가버리더라고……"라면서 말이다.

이런 말을 듣는 순간 다른 직원들은 힘이 빠진다. "사장이 저 모양인데 무슨 서비스야. 그저 시간만 때우자고." 이런 마음을 갖는다는 사실을 잘 알아야 한다. 그리고 사장한테 배신감을 느낀다는 사실도 알아야 한다.

회사 분위기가 좋아야 제대로 된 서비스가 나온다

분위기가 좋다는 것은 직원들에게 무조건 돈을 많이 주고 복지대책을 많이 세우라는 것이 아니다. 고객을 인간적으로 대해주고 서비스를 제대로 하는 기업이 되려면 먼저 직원들을 인간적으로 대해주고 고객을 위한 실전 서비스를 익혀야 한다. 직원들의 마음이 중요하지 사장의 마음이 중요한 것은 아니다.

특히 그만두고 떠나는 직원에게도 심적으로 위로와 격려를 아끼지 말아야 한다. "그 동안 고생 많았어. 식사라도 같이 하면서 이야기 좀 하지" 하면서 말이다. 필자 역시 직장을 여러 곳 옮기면서 진심어린 위로와 격려의 말을 들은 사장에 대해서는 지금까지 잊지 않고 인사를 꼭 한다. 그리고 이런 업체가 성공하는 것을 많이 보았다.

직장을 그만두고 다시 찾아갔을 때 재취업시키는 사장이 있는가 하면, 다른 직장을 알아봐주는 사장도 있다. 적어도 이런 마인드를 가진 사람이라면 서비스 하나는 제대로 관리하는 사장이라고 할 수 있다. 사장의 마인드가 바뀌지 않고 종사원의 마인드만 바뀌기를 바란다면 큰 오산이다.

매일 고객과 접촉하는 부서에서 근무하는 직원일수록 심리적으로 안정되지 않으면 제대로 된 서비스를 할 수 없다. 그렇지 않은가. 고객을 대하면서도 '언제쯤 이 직장을 때려치우나' 라고 생각할 것이 뻔하지 않겠는가 말이다.

일단 당신의 업체에 채용했다면 관리를 제대로 해줘야

한다. 집에서 부부싸움을 하고 호텔에 와서 트집 잡는 고객도 많이 보았다. 한마디로 기분이 좋지 않은 것이다. 직원 역시 마찬가지이다. 자신의 집과 마찬가지인 직장에서 늘 기분이 나빠 있다면 서비스를 제대로 할 수 없다.

당신의 얼굴을 보는 순간 '저 사장은 돈밖에 몰라. 언제쯤 망하나' 하는 생각이 들고, 자신이 다니고 있는 직장이 망하기를 바란다. 이는 정말 무서운 일이다. 더구나 매일 고객과 접촉하는 부서에서 근무하는 직원이 이런 생각을 한다면 여간 큰일이 아니다.

"이거 얼마입니까?"라고 고객이 물으면 "네, 10만 원입니다"라고 직원은 즉석에서 말한다. 고객이 다시 "조금만 깎아주십시오"라고 하면, 이런 직원의 경우 "절대 깎아주지 못합니다. 회사의 방침이니까요"라고 말하며 조금의 융통성도 발휘하지 않는다. 조금만 깎아줘도 판매가 가능하다는 생각이 들어도 사장의 얼굴이 떠오르는 순간 고객의 제의를 한마디로 거절해버리는 것이다.

이심전심이라고 사장이 퇴직하는 직원에게 한 만큼 남아 있는 직원들이 퇴직한 직원을 대신해서 사장에게 앙갚음을 할 수도 있다. 다시 한 번 강조하지만 서비스 업체에서는 특히 직원들의 마음상태를 잘 다스려야 한다.

고객 감동 서비스를 실천하는 기업이라면 직장을 떠나는 사람에게도 밥 한끼, 차 한잔, 따뜻한 위로와 격려의 한마디를 잊지 말아야 한다. 직원들은 바로 그 순간 당신에 대해 영원히 잊지 못할 평가를 한다는 사실을 잊지 말자.

그만둔 다음에도 언제든지 예전 직장동료들을 만날 수 있고, 당신을 찾아와 허심탄회하게 대화할 수 있는 분위기를 만들어주자. 그래야 직원들이 서비스 잘 한다고 소문나는 분위기가 조성된다.

Service point

만약 당신이 사장이라면 직원이 그만둔다고 할 때 어떻게 처리하겠습니까?

- 그만두는 직원과 함께 식사를 하십시오.
- 차라도 한잔 하면 직원은 고맙게 생각할 것입니다.
- '그 동안 고생했습니다' 라는 말을 전하십시오.
- 있을 때 잘 해주지 못해 미안하다는 말도 꼭 전하십시오.
- 성공해서 다시 돌아오라고 권하십시오.

책임자가 선봉에 서라

1소대 진격, 2소대 앞으로 계속 전진하라. 중대장이 맨 앞에 서서 소대를 지휘하고 있다. 흔히 전쟁영화에서 이런 장면을 많이 목격한다. 책임자가 적의 총알이 날아오는 맨 앞에서 지휘를 하기 때문에 중대원들은 중대장을 신임하고 따라오는 것이다.

만약 중대장이 보이지 않는 곳에서 무전기로 "전진하라. 계속 싸워라"라고 외쳐보라. 아마도 중대원들은 "아니, 중대장은 말로만 선봉에 서라 하고 정작 자신은 멀리 후방에서 작전을 지휘한단 말이야. 믿을 수 없는 중대장이군" 하면서 신뢰는커녕 겁쟁이 중대장으로 생각할 것이 뻔하다. 뿐만 아니라 부대원들에게 명령을 내려도 잘 듣지 않을 것이 분명하다. 그래서 책임자가 선봉에 서라는 것이다.

서비스도 마찬가지이다. 기업에서 사장이나 회장이 "서비스가 최고다. 고객이 왕이다. 고객은 정당하다. 오늘 하루 고객을 위해 미치자"라고 매일 강조해보았자 아무 소용이 없다. 본인은 골프나 치고 해외에 놀러다니면서 고객을 위해 열심히 일하자고 아무리 외쳐본들 무슨 소용이 있겠는가.

서비스의 핵심은 책임자가 직접 선봉에 서는 것이다. 전쟁에서 적을 섬멸시키기 위해 대장이 맨 앞에서 선두지휘를 하듯이 말이다. 고객과의 전쟁은 이미 시작되었다. 고객을 상대로 전쟁을 하는 사장이 전면에 서서 현장 지휘를 직접 하는 길만이 고객을 섬멸시킬 수 있다. 그래서 서비스는 현장 경영이 무엇보다 중요하다.

현장 경영의 중요성

병원을 운영한다고 하자. 병원장이 직접 병실로 환자를 찾아가고 휠체어도 끌어보라. 또한 직원들에게 서비스를 개선하라고 매일 말로만 외치지 말고 직접 원무과에 들어

가서 일을 해보아야 한다.

병실을 예약하는 데 어떤 문제가 있는지, 환자와의 분쟁은 어떻게 해서 발생하는지 등을 원무에서 직접 근무해보면서 알아보아야 한다. 물론 유니폼도 원무과 직원과 똑같이 입는다. 출근도 똑같이 한다.

원무과에서만 이런 일을 하라는 것이 아니다. 청소부와 같이 청소도 해보고, 일선 의사와 함께 진료도 하고, 주차관리요원과 같이 주차관리도 한다.

병원, 호텔, 유통회사 등 서비스 기업을 운영하는 사람들이 실수하기 쉬운 것 중 하나가 현장 경영을 강조하면서도 정작 사장이나 회장은 현장에서 직접 경험을 하지 않는다는 것이다.

사장이 각 부서장을 소집해놓고 고객을 위한 서비스 아이디어를 내놓으라고 하면 죽는 소리가 대부분이다. "인원을 늘려주십시오", "근무시간이 너무 길어요", "고객이 너무 까다롭습니다" 등 좋은 말이 별로 없다.

이런 말을 듣고도 적절하게 대응하지 못하고 "다른 부서는 열심히 하는데 그 부서는 왜 그렇게 요구하는 것이 많아요?" 하면서 문제를 지적한 직원들을 오히려 나무란다.

그러다 보니 사장이나 회장의 말에 "예, 맞습니다"라고만 하는 것이다.

그러고는 회의가 끝나면 "사장이 뭘 안다고 난리야. 김 대리, 오늘 저녁 소주나 한잔 하자고" 하면서 방금 전 사장이나 회장이 한 말은 그저 형식적으로 흘려듣고 관례적으로 하는 아침 조례라는 것 외에는 별 의미를 부여하지 않는다. "사장이나 회장이 하는 말은 이론적으로는 딱 들어맞아. 그런데 현장에 대해서는 전혀 모르니 문제지" 하면서 말이다.

그래서 현장 경영이 중요하다는 것이다. 사장이 직접 현장에서 경험을 해보면 부서장이 내놓은 문제점을 인식하고 즉석에서 적절한 대응방안을 제시할 수 있다. 그러면 부서장도 사장이 하는 말을 신뢰하게 된다.

다른 곳을 한 번 더 살펴보자.

테마파크를 운영하는 업체도 마찬가지이다. 매일 관람객으로 붐비는 테마파크야말로 서비스가 가장 중요한 곳이 아닌가 싶다. 이런 곳일수록 경영자는 직접 현장에서 직원들과 같이 일함으로써 고객의 서비스 문제를 획기적으로 개선시킬 수 있다.

직원들과 함께 근무할 뿐만 아니라 상황에 따라서는 고객과 동행하며 문제점을 찾아내야 한다. 관람객이 사진을 찍고 있으면 가서 사진도 찍어주고, 관람객이 어디를 가야 할지 몰라 두리번거리면 뛰어가서 상세하게 알려준다. 오늘의 연극 프로그램 주인공이 누구인지, 식당의 위치, 놀이공원의 위치, 공연시간, 교통관계 등 할 일은 이루 말할 수 없이 많다.

현장 경영은 원칙을 세워 주기적으로 한다

물론 사장이나 회장이 매일 현장 경영을 하라는 것은 아니다. 주별, 월별, 분기별 등 계획을 세워서 주기적으로 현장 경영의 날을 선포하라는 것이다. 고객들의 불만과 불평을 해소하고, 동시에 직원들과의 관계를 원활하게 유지할 수 있는 지름길이 바로 현장 경영이다.

사장이나 회장은 다른 중요 인사들을 만나기도 바쁜데 무슨 현장 경영이냐고 반문할 수도 있겠지만, 현장 경영은 고객의 서비스 만족도를 한층 더 높일 수 있다. "오늘은 내가 현장 경영의 날로 선포한 날이지" 하면서 직접 작업복으로 갈아입고 현장에서 직원들과 같이 조립도 하고 물도 날라주고 요리도 만들고 화장실 청소도 한다.

물론 불편한 점이 한두 가지가 아닐 것이다. 상황에 따라서는 "사장이 왜 불편하게 우리와 같이 일한다고 난리야. 괜스레 문제점이나 지적하고 우리를 감시하려고 그러는 것 아니야?" 하면서 의문을 품는 직원들도 많을 것이다. 직원들의 이런 의문점을 해소하기 위해서라도 꾸준히 현장 경영을 실천해야 한다.

사장이 화가 나면 현장 경영을 하고 기분 좋은 날은 안 하고 손님이 오면 취소하고…… 이런 식으로 일정한 기준이 없이 사장 기분 내키는 대로 현장 경영을 한다면 직원들의 입장에서는 의문과 불만이 더욱 커질 수 있다.

현장 경영을 실시하기 전에 먼저 현장 경영에 대한 목적, 현장 경영에서 나타난 문제점에 대한 해결방안, 현장 경영을 할 때 지켜야 할 내규 등을 상세하게 직원들에게 알리고 시작하는 것이 좋다.

아무리 내 기업이고 내 물건을 파는 회사라 하더라도 직원들의 눈치를 봐야 한다. 현장 경영이 오히려 직원들의 사기를 떨어뜨려 역효과가 발생할 수도 있기 때문이다.

현장 경영은 전시에 적이 쳐들어오는 최전방에서 지휘자가 부하들을 지휘하는 것과 같다. 때로는 부상병을 후방으로 빨리 후송시키기도 하고, 보급품이 떨어지면 빨리 무전을 쳐서 물량을 확보하는 것이 부대장의 역할이다. 고객과의 문제는 항상 현장에서 발생한다는 사실을 사장이 알고 있어야 한다.

당신은 현장 경영을 얼마나 중요시 여기고 있습니까? 다음과 같은 현장 경영을 현재 실시하고 있습니까?

- 최근 고객과 직접 면담을 실시한 적이 있습니까?
- 현장에서 근무하는 직원들의 애로사항을 직접 경험한 적이 있습니까?
- 현장 경영과 관련해 메모지를 별도로 지참하고 다닙니까?
- 현장의 최말단 직원과 최근에 식사를 한 적이 있습니까?
- 최근 회의에서 직원들이 제시한 문제점의 진위를 현장에서 직접 파악해보았습니까?
- 현장 경영을 한 달에 몇 번이나 실시하고 있습니까?

적극적으로 모임을 만들자

자동차 경주 모임, 고스톱 모임, 자전거 동호회, 바둑 동호회 등 성격에 따라 다양한 모임이 있다. 사람들은 자신의 이익과 취미를 살리기 위해 모임을 갖는다. 특히 우리는 모임에 강하다. 그저 몇 사람만 모이면 "우리 정기적으로 모임을 갖는 게 어떨까?" 하면서 모임을 만든다.

모임이 그런대로 잘 운영되는 경우에는 공짜로 가입할 수 없다. 돈을 내야 정식 회원으로 가입할 수 있다. 와인 동호회의 경우 와인의 맛을 서로 공유하기도 하고, 전문가를 초청해 세계 유명 와인에 대한 강의를 듣기도 한다. 물론 이런 단체의 경우에는 협찬이 반드시 따른다.

기업에서 좋은 이미지를 심어주기 위해서는 이런 단체에 적극적으로 협찬을 하거나 도움을 준다. 이는 개인 고객보다는 단체 고객에게 지원하기 때문에 기업 이미지 차원에서 좋은 평가를 받을 수 있다.

기업에서 동호회를 통해 지원을 하기도 하지만, 기업 차원에서 인센티브를 제공하며 모임을 갖도록 유도하기도 한다. 또한 모임이 결성되면 기업 차원에서 지속적으로 교육을 시킨다. 예를 들어 카레이스 모임이라면 이들 단체의 구성원에게 자동차 관련 교육을 시키는 것이다.

모임을 만들고 지원해주는 것은 효과적인 서비스

특히 최근에는 인터넷을 중심으로 활발한 커뮤니티가 형성되고 있다. 인기 있는 테마일 경우 수천 명에서 수십만 명이 접속할 정도로 커뮤니티가 활발하게 움직이고 있다. 이런 커뮤니티를 잘 활용한다면, 그리고 커뮤니티를 형성한 주최자와 긴밀한 협조관계를 맺어 상호 이익을 공유할 수 있는 방안을 찾는다면 이 역시 고객을 관리하는 데 좋은 서비스가 될 수 있다.

뿐만 아니라 특정 단체에 할인율을 적용해주는 방법도 시도해볼 만한 좋은 서비스이다. 예를 들면 백화점에서는 노인단체, 스킨스쿠버 단체, 산악단체 등 모임의 성격이 강한 단체에 할인을 적용해준다. 산악단체의 경우 산악장비 등을 관련 업체와 제휴하여 홍보가격으로 판매한다.

국내만 해도 각종 레저단체가 상당히 많이 있다. 이들 단체에 공문을 보내 특정한 날을 선정해서 이벤트를 한다면 이들 단체에 좋은 이미지를 심어줄 수 있다. 이 역시 사소하지만 큰 효과를 발휘하는 서비스임에 분명하다.

아니면 백화점에서 모임을 주선하는 방법도 있다. 미식가 모임, 모델 모임, 연예인 모임, 영화애호가 모임 등 모임의 성격에 따라 백화점에서 주도적으로 커뮤니티를 형성하는 것도 좋은 서비스가 될 수 있다. 백화점에서는 각종 문화강좌가 활발하게 진행되고 있지만 백화점측에서 특정한 단체의 모임을 주선하여 만드는 경우는 드물다.

또한 백화점의 단골고객을 상대로 모임을 주선할 필요도 있다. 단골고객의 취미와 성향 등을 면밀히 분석하여 인기 있는 모임을 주선한다. 노래를 좋아하는 고객들이 많으면 대중가요 모임 등을 만들어 지원해준다. 백화점에서는 노래도 부르고 춤도 추고 식사도 하고 수영도 하고 단체의 성격에 따라 이벤트가 활성화되어야 물건이 잘 팔리고 이미지도 좋아진다.

병원도 마찬가지이다. 퇴원하는 환자에게 손이나 흔들면서 "잘 가세요. 부디 건강하세요"라고 인사만 할 것이 아니라, 디스크 환자가 퇴원하면 이들 환자들을 엮어서 하나의 모임을 결성해준다. 환자 중 한 사람을 선발해서 회장으로 만들어라. 그리고 병원에서 퇴원한 환자들을 중심으로 가칭 '○○병원 디스크 환자 모임', '제1기 ○○병원 모임' 등을 결성하라. 그러고 나서 정기적으로 디스크 관련 전문가를 파견하여 교육시킨다.

초등학교, 고등학교, 대학교만 동창회가 있으라는 법은 없다. 무엇이든 회원들끼리 상호 이익이 된다면 모임은 만들어지는 것이고, 이것이 동창회, 동문회, 동호회가 되는 것 아닌가.

델타 항공사는 여성 CEO를 대상으로 별도의 클럽을 조성하여 이들 단체에는 여행 관련 상식, 최근 각광받는 유명 관광지, 비즈니스하기 좋은 호텔, 관광지 안내지도 등에 대한 정보를 상세히 제공해준다. 정기적으로 말이다.

고객은 고객 속에서 찾는다

고객은 고객 속에서 찾아서 어떻게 관리하고 유지해야 하는지 연구해야 한다. 맨땅에서 고객을 찾는 일은 매우 우매한 방식이다. 일단 한번 다녀간 고객을 중심으로 고객 관련 데이터베이스를 얼마나 잘 구축하느냐에 따라 당신의 기업이 흥할 수도 있고 망할 수도 있다. 고객은 고객 가운데 생성되고 만들어지는 것이지, 새로운 고객을 만들기란 여간 어려운 일이 아니다.

서비스로 소문난 업체들을 살펴보면 대부분 한번 다녀간 고객을 놓치지 않는다. 어떤 일이 있어도 이들 고객을 하나로 묶든지, 아니면 개인적으로 접촉해서 관리를 한다는 의미이다. 사람들은 막연하게 '○○백화점에 오세요', '○○병원이 진료를 잘 합니다', '○○음식점에 오세요' 라는 간판이나 홍보물을 보고 오는 것이 아니다. 고객이 고객을 몰고 다닌다는 사실을 알아야 한다.

한번 병원을 이용한 환자는 무언가 결속을 다질 수 있는 모임을 통해서 다시 병원을 찾는다는 사실을 명심하라. 병원에서는 아이디어를 짜내어 병동모임, 병의 종류에 따른

모임, 간병인 모임, 퇴원날짜에 따른 모임 등을 나름대로 만들어 적극적으로 지원하라.

백화점도 마찬가지로 판매하는 상품 중 각종 단체에 혜택을 줄 수 있는 상품이라면 상품을 만든 회사와 제휴하여 특정 기간 동안 이들 상품과 연관 있는 단체에 적극적으로 알리고 모임을 지원한다.

음식점도 그저 음식 맛이 좋아서 고객이 온다고 생각하지 말고, 사장이 마당발이 되어 적극적으로 뛰면서 가능한 한 많은 모임을 결성하라. 모임의 총무를 맡는 등 적극적으로 참여하여 단체모임을 유치하라. 아니면 아예 음식점 간판을 2~3개 달고 시작하라. 예를 들면 '○○동문회', '○○향우회 본부' 등도 좋은 아이디어이다.

불황이 깊어가고 있는데 "요즘 경기가 너무 안 좋아" 하면서 가만히 앉아 경기 탓만 할 것인가. 지금 당장 뛰어가서 모임을 만들고, 조금씩 후원도 하고, 자신의 음식점을 본부로 만들면 많은 도움이 될 것이다. 이런 사소한 희생과 서비스가 없이 당신의 음식점이 잘 될 것이라고 생각한다면 오산이다.

고객을 관리하고 고객을 지원하고 고객이 원하는 것을 먼저 알아채어 실천하는 것이 바로 서비스의 본질이다.

Service point

당신이 운영하는 업체에서 모임을 관리하고 있습니까? 만약 모임이 없다면 다음과 같은 방법으로 모임을 결성해보십시오.

- 당신이 판매하고 있는 상품과 모임을 결성할 수 있는 매개체가 있는지 먼저 확인해보십시오.
- 모임을 만들었다면 푼돈을 아끼지 말고 과감하게 지원해주십시오. 지원은 금전적·교육적 인센티브 등 여러 가지 방법이 있습니다.
- 모임을 결성할 수 없다면 늘 이용하는 단골고객을 활용하십시오.

공동책임은 곧 무책임

"꽃이 모두 시들어버렸어요. 일주일도 안 됐는데 말이오" 하면서 아침 조례시간에 사장이 버럭 화를 낸다. 직원들은 하나같이 '그게 내 책임입니까?' 라고 생각하는지 아무 말이 없다. 그저 사장만 열을 올리며 화를 낼 뿐이다.

위의 경우는 음식점에서 발생한 일이지만 음식점에서만 이런 일이 발생하는 것은 아니다. 어디에서도 이런 일이 일어날 수 있다. 공동의 책임은 무책임과 같기 때문이다. 사장의 입장에서는 계절이 바뀌었으니 매장의 분위기도 바꿀 겸 해서 비싼 돈을 들여 귀한 화분 하나를 매장에 갖다놓았다.

이때까지만 해도 매장 직원들은 "역시 사장은 센스가 있어. 분위기를 파악할 줄 아는 분이라니까" 하면서 칭찬을 아끼지 않았다. 그러나 하루 이틀 사흘이 지나면서 분위기가 바뀌었다. 꽃이 죽었기 때문이다.

누가 화분을 챙기면서 매일 물을 줄 것인지를 사장이 정하지 않았다는 것이 문제였다. 사장의 입장에서는 분위기를 바꾸기 위해 화분을 구입해 매장에 갖다놓았지만 한 가지 중요한 일을 생각하지 못한 것이다. 화분 책임자를 임명하지 않았으니 말이다.

사장의 입장에서야 당연히 누군가 제대로 관리하겠지 생각했겠지만 그런 안일한 생각이 바로 꽃을 죽게 만들었다.

범인은 바로 사장이지 직원들이 아니다.

이런 경우 '아니, 꽃 하나 죽은 것 가지고 무슨 난리야. 다시 사오면 되지'라고 간단하게 생각할 수도 있지만 절대 그렇지 않다. 이 일을 계기로 당신이 운영하는 매장을 확실하게 관리해야 한다.

책임자를 임명하여 책임소재를 분명히 한다

모든 일에 책임자를 임명하고 관리하도록 지시하고 감독하는 것이 중요하다. "화장실이 왜 이렇게 지저분해"라고 할 것이 아니라 "화장실 청소 담당자가 누구야?"라고 묻는 것이 더 확실하게 매장을 관리하는 방법이다.

책임자를 정확하게 지정하지 않아서 문제가 발생하는 경우는 상당히 많다. 사소한 서비스 실수는 바로 책임자가 없는 상태에서 발생한다.

요즘은 음식점에서 신발을 도난당하는 사태가 종종 발생한다. 고의적으로 신발을 훔쳐가는 경우도 있고, 혼잡스런 저녁시간대에 곧 폐품이 될 구두를 신고 와서 나갈 때 비싼 구두를 골라 신고 줄행랑을 하는 경우도 많다.

이런 경우 현장에서 범인을 목격했다고 가정해보라. "당신, 신발도둑 아니야?"라고 말하지 못한다. 고객의 입장에서 주인에게 걸리면 "술 한잔 마셨더니 이게 내 신발인 줄 알고 신었는데 아닌가……"라며 얼렁뚱땅 넘어가면 별 문제가 생기지 않기 때문이다.

신발이 바뀌어 고객이 화를 내면서 항의할 때 그 누구도 제대로 말을 못 한다. 그저 사장만 '신발관리를 이렇게 못하나. 도대체 직원들은 뭐하고 있었단 말이야?' 하면서 속이 탄다.

앞으로는 그럴 것이 아니라 신발 담당자를 정해줘라. 고객의 신발 문제로 고민하는 음식점이라면 말이다. 책임자가 꼭 사람일 필요는 없다.

무인 카메라가 책임지게 할 수도 있다. 24시간 책임을 맡기는 것이다. 신발이 바뀌었다고 항의하는 고객이 나타나면 즉석에서 현장검증을 하면 된다. 그러면 곧바로 범인을 잡을 수 있다. 한마디로 사장이 책임자를 잘 임명한 덕택이다.

입구의 간판을 보니 너무 더럽다. 그래서 사장은 늘 불만이다. 직원들을 모두 모아놓고 "간판을 깨끗이 청소 좀 하시오. 간판이 바로 식당의 얼굴인데 저런 지저분한 얼굴을 보고 어떤 고객이 오겠는가 말이오"라고 할 것이 아니라, 간판 책임자를 임명하면 문제가 해결된다. "○○○ 지배인, 오늘부터 한 달간 당신을 간판 책임자로 임명하겠습니다"라고 말이다.

그리고 나중에 간판이 지저분하면 여러 사람을 기분 나쁘게 할 것이 아니라 간판 책임자만 나무라면 된다. 그러면 모든 직원들에게 스트레스를 주지 않고 모든 직원들에게 잔소리를 하지 않아도 되기 때문에 사장 역시 스트레스를 덜 받는다.

문제가 생기면 책임자라고 나서는 사람이 아무도 없어서 고객이 더 열을 받는 경우가 많다. "갑자기 방에 불이 안 들어옵니다"라고 강력하게 항의하면 "고객님, 죄송합니다. 저희 책임이 아니니 전기실에 곧바로 확인해보겠습니다"라고 한다.

그리고 전기실에 연락하면 "아니, 우리 잘못인가? 한국전력에서 갑자기 고압선에 문제가 생겼다고 하는데" 하면서 한국전력을 탓한다.

고객의 입장에서 볼 때 정전사고의 책임이 한국전력에

있다는 것이 말이 되는가. 그것도 특급 호텔에서 말이다. 이런 경우 누군가 책임자인 듯 선뜻 나서서 고객에게 사과를 해야 한다. 책임자가 누구인지 몰라 서로 얼굴만 쳐다볼 것이 아니라 미리 내규를 정해둔다. '객실에 정전이 된 경우에는 ○○○가 직접 사과를 하고 책임을 진다' 라고 말이다.

사소한 서비스 실수가 책임자 부재로 인해 엄청난 고객 불만사항으로 번지는 경우를 우리는 수없이 목격하고 경험했다.

언뜻 보기에는 화분의 꽃이 시들어 죽어버린 것이 아무 것도 아닌 일 같지만 좀더 확대해서 해석해보면 사장이 엄청난 실수를 한 것이다. 사소한 문제라도 반드시 책임자를 임명하고 지정해놓아야 한다. 책임자를 임명해야 할 일은 화장실, 간판, 테이블, 물건입고, 재고, 계산 등 여러 분야에 걸쳐 많이 있다.

지금 이 순간까지 책임자를 임명하지 않았다면 당장 책임자부터 임명하고 오늘 하루 일을 시작하자. 사소한 서비스 실수는 바로 책임자의 부재에서 발생한다는 사실을 다시 한 번 명심하고, 지금부터라도 제대로 해보자. 오늘부

터 화분의 책임자를 임명하고 물을 주고 닦아주고 잘라주
어 관리를 제대로 하자.

고객 서비스에서 공동책임은 곧 무책임이라는 사실을 알고
있습니까?

• 공동으로 책임지게 하면 능률이 오르지 않습니다.

• 고객 관련 담당자는 반드시 책임자를 임명해야 합니다.

• 모든 물건에 대해 책임자를 임명하면 관리하기 편합니다.

• 직원들이 가장 싫어하는 것은 공동으로 책임을 묻는 것입
  니다.

3장

고객을 번거롭게 하지 않는다

- 첨단보다는 편리함을 선호한다
- 고객을 감동시키는 서비스
- 전화받는 사람이 곧 담당자
- 자동화가 좋은 것만은 아니다

첨단보다는 편리함을 선호한다

다양한 최신 기능을 갖춘 청소기를 하나 구입했다. 기능 설명을 들을 때만 해도 금방 따라할 수 있을 것 같았는데, 어찌된 영문인지 막상 집에 물건이 도착해서 방청소를 하려고 하니 도저히 작동되지 않는다.

즉시 전화를 걸어 물었더니 이것저것 처음부터 상세하게 설명을 해주었다. 나는 너무 미안해서, 그리고 "그것도 모르나, 단순한 건데"라는 말을 들을까봐 대충 "알겠습니다"라고 대답하고는 전화를 끊었다.

정말이지 내게는 너무 복잡한 것 같았다. 큰 마음 먹고 샀지만 물건을 반품할 수밖에 없었다. 설명도 복잡하고 작동 자체도 복잡하니 어떻게 사용하겠는가. 청소기라고 하면 여러 가지 첨단 기능도 중요하지만 전선에 꽂기만 하면 그냥 돌아가면서 먼지를 쫙쫙 빨아들여야 하지 않겠는가. 굳이 많은 기능이 필요한 것이 아니라 단순하면서도 편해야 최고다.

요즘 여러 가지 성능을 장착한 제품들이 계속해서 개발되고 있다. 그러나 성능이 좋은 것만큼 잘 팔리는 것은 아니다. 왜냐하면 너무 복잡하기 때문이다.

청소기만 그런 것이 아니다. 호텔에 들어가 보자. "예약을 확인했습니까? 무슨 방을 원하십니까? 가격은 얼마입니다. 등록용지에 기록 좀 해주십시오." 정말 미칠 지경이다. 여행 다니느라 힘들고 지쳐서 이제 좀 쉴 만한데 이렇게 절차가 복잡하다면 누가 호텔을 이용하겠는가.

그렇다면 이런 방법은 어떨까 고민해보자. 도착과 동시에 곧바로 고객을 객실로 안내해보라. 이 종업원 저 종업원한테 고객을 짐짝처럼 맡기지 말고 말이다. 만약 단골고객이나 예약이 확실한 고객이라면 아예 정문에서 객실 키를 가지고 있다가 고객이 도착함과 동시에 "방으로 직접 모시겠습니다" 하면서 고객의 가방을 들고 곧바로 엘리베이터를 탄다. 그러면 고객은 '끝내주는 서비스군. 복잡한 절차 없이 바로 객실로 안내하다니' 하면서 기분 좋아할 것이 분명하다.

고객이 돈을 내고 자는데 뭐가 그렇게 시스템이 복잡한지 이해가 되지 않는다. 호텔이 경찰서인가? 왜 그렇게 이것저것 고객한테 물어보는지 알 수가 없다. 대부분의 서비스 업체는 말로만 서비스를 강조할 뿐, 고객에게 이것저것 묻지 않고 즉석에서 해결해주는 곳을 보지 못했다. 당장 시스템을 고쳐보자.

고객의 정보를 기록해두는 것은 서비스의 기본

요즘 인터넷으로 물건을 구입하는 경우가 점점 많아지고 있다. 고객이 물건을 사기 위해 직접 백화점에 가는 것이 아니고 집에 앉아서 물건을 구입하니 정말 편리한 세상이다. 그러나 인터넷으로 물건을 구입하다 보면 화면으로는 그럴 듯한데 막상 물건이 도착하면 전혀 다른 경우도 가끔 있다. 그리고 정확히 어떤 색깔인지, 사이즈는 맞는지, 궁금한 점이 한두 가지가 아니다.

그렇다면 어느 유명한 인터넷 쇼핑몰처럼 고객이 직접

허리둘레, 신장, 피부색깔, 몸무게, 좋아하는 색깔 등을 입력하면 자동적으로 이런 몸매에 어울리는 사람이 컴퓨터 화면에 등장한다.

미장원에서도 보았을 것이다. 자신이 원하는 머리 스타일을 이야기하면 그것에 맞게 컴퓨터 그래픽으로 바로 보여준다. 제법 시스템이 잘 갖추어진 미장원에서는 말이다. 옷도 마찬가지이다. 체형에 맞는 사람이 자신이 구입하고자 하는 옷을 입고 나타나면 이걸 참조해서 옷을 구입할 수 있다.

뿐만 아니라 미장원에 갈 때마다 "저는 이런 스타일로 머리를 잘라주십시오"라는 말을 하지 않아도 되도록 고객의 머리 스타일을 입력해두어라. 머리 손질을 끝낸 다음에 말이다.

다음번에 고객이 방문할 때 컴퓨터 화면에 나타난 머리 스타일을 보고 "지난번에 한 이 스타일에서 불편한 점은 없었습니까? 이번에도 똑같이 하시겠습니까?"라고 묻는다면 정말 편리할 것이다. 그러나 이런 미용실을 지금까지 한 번도 보지 못했다.

고객에게 말을 시키는 것은 심문하는 것과 같다. 피자가게에서도 한 번 주문한 고객은 그대로 입력시켜놓아라. 이 것이 바로 고객관리이다. 그저 인사만 잘 한다고 고객관리 가 되는 것이 아니다.

"지난번에 포테이토 피자를 시키셨는데 이번에도 똑같 은 걸 주문하실 건가요?"라고 물어보라. 고객이 전화벨만 눌러주면 자동적으로 피자가게에서 답변이 나와야 한다. 주소도 당연히 미리 입력되어 있어야 한다. 그러면 주문할 때마다 고객에게 일일이 말을 시키지 않아도 된다.

복권가게에서도 단골고객에게 행운의 편지와 함께 복권 을 2~3장 정도 구입해서 보내보라. 너무도 좋아할 것이 다. 물론 당첨되면 보낸 사람 것이 아니고 당연히 받은 사 람의 것이다.

그리고 스위치만 한 번 누르면 세금도 내고 현금도 서비 스받을 수 있으며 극장 정보도 얻을 수 있는 일명 원 터치 콤플렉스 서비스를 개발해보라. 별도로 세차장에 갈 것이 아니라 백화점에서 물건을 구입하는 동안 세차, 차량검사, 주유 등을 서비스해보라. 이 역시 고객을 말없이 서비스해 주는 것이다.

그러나 한 가지 명심해야 할 것이 있다. 무작위로 무조건 서비스를 해주는 것이 아니라 백화점 차원에서 특별 관리하는, 즉 매상을 많이 올려주는 고객을 대상으로 하는 것이 중요하다. 매상을 많이 올려주는 고객에게는 푼돈을 아끼지 말고 서비스를 팍팍 해주면 확실하게 몇 배로 보상해 줄 것이다. 이 역시 묵묵하게 고객을 위해 서비스해주는 것이다.

또한 고객 중에는 눈이 잘 보이지 않는 사람도 있다. 특히 나이가 많이 드신 사람일수록 노환증세가 오기 때문이다. 이런 분들에게 말없이 서비스하기 위해서는 메뉴판에 큰 글씨로 써놓는다.

어떤 카드사에서는 아예 카드 자체가 돋보기로 나온 것도 있다고 한다. 고객은 자신이 사인을 해야 할 금액이 너무 작게 써 있어 잘 보이지 않을 경우 카드를 갖다대면 큰 글씨로 보이는 것이다. 이런 점까지 배려한 카드사라면 분명 고객에 대해 철저하게 조사했을 것이다.

일단 편해야 서비스 좋다는 말이 나온다. "그것 참 사용하기 편해"라고 말하는 사람이 대부분이지, "그것 참 기능이 다양해"라는 칭찬의 말은 그다지 들어보지 못했다. 기능이 아무리 많으면 뭐하겠는가, 사용자가 불편하면 아무 소용이 없다.

그런 다양한 기능이 군이 필요하지 않은 경우도 많다. 단순하게 문만 열면 되는데 만능 키라고 하여 키에서 소리도 나고 음악도 나오는 것을 보았다. 지나치게 많은 기능을 넣다 보면 오히려 고객이 짜증만 날 수 있다는 사실을 명심하자.

당신은 고객의 특성에 대해 진지하게 생각해본 적이 있습니까? 고객을 제대로 알아야 매출도 오르는 법입니다.

- 고객은 자신에게 질문하는 것을 귀찮아합니다.
- 고객이 가장 싫어하는 것은 복잡한 절차입니다.
- 고객은 묻지 않아도 종업원들이 스스로 해결해주기를 기대합니다.
- 고객은 기다리는 것을 가장 싫어합니다.
- 고객은 자신이 손해 보는 부분은 금방 알아차립니다.

고객을 감동시키는 서비스

치아가 안 좋아 병원에 가는 경우가 있다. 특히 정기적으로 한 번 정도는 치아 청결을 위해 스켈링을 하러 치과에 간다. 치과에 가보면 소리가 아주 요란하다. 물론 환자의 입장에서 치과를 방문했는데 아무리 소리가 요란해도 참고 견뎌야 하는 것은 당연한 일이다.

그러나 정작 내 차례가 되어 의자에 앉는 순간 공포의 시간이 시작된다. 너무 긴장한 나머지 가슴도 답답하다. 치과 의사가 가지고 온 도구를 슬쩍 보니 너무 무섭다. 옆좌석에서는 치아 청결을 위해 입 안에서 돌아가는 소리가 요란하다. 이런 경우 더 무섭다. 병원에 수술을 받으러 갈 때 이미 수술을 받아본 경험이 있는 사람의 설명만 들어도 무섭다.

그렇다면 아이디어를 내어 환자를 안정시킬 필요가 있지 않을까. 일단 환자가 의자에 앉는 순간, 눈을 고치는 것이 아니니 특수안경을 쓰고 전자장치를 이용해서 영화를 보게 한다. 재미있는 코미디 영화를 보여줄 수도 있고 환자가 좋아하는 음악을 들려줄 수도 있다. 눈뿐만 아니라 귀에도 헤드폰을 쓰고 영화나 음악을 듣게 해보라.

옆에서 치아를 고치는 소리를 전혀 듣지 못하니 환자는 공포가 한결 덜하다. 자신을 치료하는 공포의 기계소리 또한 전혀 듣지 못한다. 이는 환자의 입장을 최대한 배려하는 중요한 서비스이다.

하지만 대부분의 치과에서는 이런 방식으로 하지 않는다. '치과에 왔으면 조금 아프거나 소음 정도는 기본이지. 뭐 그런 것 가지고 야단이야' 하면서 말이다. 그러나 진정으로 환자를 위한 서비스에 신경을 쓰는 치과라면 다시 한 번 생각해보아야 한다.

요즘 대형 마트에 가보면 물건을 선택할 때는 아주 좋은데 정작 계산을 하다 보면 짜증이 이만저만 나는 것이 아니다. 길게 줄을 서서 기다리느라 시간이 너무 오래 걸리기 때문이다. 줄을 서서 기다릴 때도 짜증내지 않고 즐거운 마음으로 기다릴 수 있는 아이디어 서비스를 개발해야 한다.

호텔에서도 체크인하기 위해 줄을 서서 기다리는 고객의 짜증을 덜어주기 위해 호텔 내 수족관에 엄청나게 큰 식인상어를 넣어둔 곳이 있다. 그렇다고 마트에 이런 것을 설치하라는 것은 아니다.

약간의 아이디어를 짜내면, 물건을 구입하는 고객에게 별도의 전자도구를 준비해서 나누어주고, 고객 스스로 바코드를 입력해서 마지막으로 계산대에 도착해서 확인만 하게 할 수도 있다. 여기에서 확인이란 돈만 계산하라는 것이다. 품목은 자동적으로 바코드에 입력되어 있기 때문이다.

이런 방식으로 계산하면 기다리는 시간을 훨씬 줄일 수 있고 기다리는 동안 심심하지도 않다. 이 역시 고객을 위한 사소한 서비스이지만, 고객의 입장에서 보았을 때는 엄청난 서비스가 된다. 물론 시스템상에 여러 가지 문제가 발생할 수도 있지만 고객을 위해서는 과감히 생각을 바꾸어야 한다.

사소한 것이라도 고객의 불편을 최대한 덜어준다

고객은 대부분 입구에서 짜증이 나거나, 아니면 마지막 단계에서 짜증이 난다. 서비스를 잘 한다고 소문난 곳에 가보면 처음 고객을 대하는 순간, 마지막으로 고객을 대하는 순간이 간편하다.

예를 들어 기차를 탈 때도 과거에 비해 상당히 많은 시간이 절약되었다. 과거에는 승객 한 사람 한 사람의 표를 확인하고 검표를 했다. 그러다 보니 출발 몇 십 분 전부터 줄을 서서 기다렸다.

그러나 요즘 그런 시스템은 자취를 감추고 기본적인 것만 체크하고 들어간다. 또한 정기적으로 기차를 타는 사람은 어떤 확인절차도 없이 곧바로 기차를 탈 수 있는 시스템을 개발하면 기다리는 시간을 최소한으로 줄일 수 있다.

비행기 기내 서비스도 마찬가지이다. 조금만 노력하면 승객을 위한 아이디어는 얼마든지 있다. 일등석만 서비스를 할 것이 아니라 이등석에도 바로 앞에 있는 의자 뒤에 규모가 작은 미니 화면을 준비해주면 승객이 장거리 비행을 하면서 인터넷이나 영화 등을 마음대로 즐길 수 있다.

　10시간이 넘는 장거리 비행에서 앞에 앉아 있는 승객의 뒤통수만 바라보고 비행하는 것은 여간 고역이 아니다. 이왕이면 조금만 신경 써서 승객을 덜 지루하게 만들어주는 것이 고객을 위한 사소한 서비스이다.

　이런 서비스에 고객은 감동받는다. 지하철만 몇 시 출발, 몇 시 도착, 이런 알림 전자판을 설치해놓으라는 법은 없다. 이제 전용 버스차선도 생겼으니 버스에도 '노량진 버스 출발, 당 버스정류장 도착시간 몇 분', 이런 식의 서비스을 제공해준다면 좋을 것이다. 그리고 실시간으로 국내외 주요 뉴스를 알려준다. 날씨, 증시현황, 관광정보, 교통정보 등 얼마든지 있다.

　또한 어느 음식점에서는 식사 후 양치질을 하라고 화장

실에 별도의 양치도구를 준비해두기도 한다. 점심식사 또는 저녁식사 후 곧바로 화장실에 가서 음식점에서 준비해둔 새 칫솔로 양치를 한다. 물론 일회용 칫솔을 준비해놓고 있다. 이 역시 고객을 배려한 사소한 서비스이지만 고객 입장에서는 상당히 만족스런 서비스이다.

이런 서비스가 당신의 회사를 바꾸고 충성 고객을 만든다. 매일매일 고객을 감동시키는 서비스를 연구하고 신경 쓰다 보면 고객은 점차 늘어날 것이다.

당신이 운영하는 매장에서는 고객을 감동시키는 서비스를 제공하고 있습니까?

- 주유소에서는 더운 날 고객에게 얼음물을 한 병 제공하십시오.
- 더운 날 음식점에 들어서는 순간 "아, 끝내주게 시원하네"라는 소리가 저절로 나오도록 에어컨을 틀어주십시오.
- 종업원을 위한 음악이 아니라 고객을 위한 음악을 틀어주십시오.
- 자리를 비운 채 '식사 중'이라는 팻말은 고객을 화나게 만듭니다.

전화받는 사람이 곧 담당자

"예약 담당자 좀 바꿔주십시오"라고 하자 "전화 주셔서 감사합니다. 잠시만 기다려주십시오"라고 해놓고는 요즘 유행하는 〈사랑아 가지 마〉라는 노래만 들려준다. 그것도 나이가 50이 넘은 고객에게 말이다. 〈사랑아 가지 마〉라는 노래는 50대가 좋아하는 노래가 아닌 것 같은데 말이다.

그리고 조금 있다가 "오랫동안 기다리셨습니다. 죄송합니다, 고객님. 예약을 담당하는 직원이 잠시 자리를 비웠습니다. 다른 부서로 연결해드리겠습니다"라고 한다. 그리고 나서 시간이 좀 지난 후 "감사합니다. 무엇을 도와드릴까요, 고객님?" 하면서 상냥하고 부드러운 여자 목소리가 나온다.

고객이 "예, 다름이 아니라 공연 예약을 하고 싶어서 전화 걸었습니다. 예약 좀 부탁합니다"라고 하자, "고객님, 대단히 죄송합니다. 여기는 예약을 하는 부서가 아니라 총무과입니다. 잠시만 기다리시면 곧바로 예약실로 돌려드리겠습니다"라고 한다.

이런 일을 누구나 한두 번쯤 경험했으리라. 아니, 지금 이 순간에도 이런 전화를 받고 화가 난 고객이 계속 발생하고 있다는 사실에 주목해야 한다. 마치 공연장 전체 부서 직원들과 통화라도 시켜주려는 듯이 빙빙 돌리면서 전화를 바꿔준다. 그런데 모두 한결같이 전화받는 목소리나 태도는 아주 좋다.

그러나 고객은 화가 날 대로 나 있으니 큰 문제가 아닐 수 없다. 고객의 입장에서는 총무과인지 경리과인지 모른다. 고객의 목적은 예약을 하기만 하면 된다. 그런데 정작 공연장에서는 예약실이 통화 중이니 이 부서 저 부서로 고객을 돌리는 것이다.

고객을 위한 서비스를 제대로 하려면 과정, 즉 절차를 없애야 한다. 과정이 길고 복잡하면 어떤 고객이 당신의 매장이나 공연장을 이용하겠는가. 고객은 한 번의 선택으로 끝나는 것을 좋아한다.

만약 당신이 음식점에 갔다고 하자. 메뉴판을 보는 순간 "이 음식으로 주문하겠습니다"라고 하면 끝나는 것이다. 한 번의 선택으로 모든 것이 결정난다. 물건도 마찬가지이다. 이 물건 저 물건 전시해놓고 고객이 마음의 결정을 하여 선택하면 끝나는 것 아닌가.

전화 역시 마찬가지이다. 빙빙 돌리면서 고객을 길들일 것이 아니라 딱 한 번의 선택으로 끝나게 하라. 만약 고객이 "여보세요, 예약을 부탁하려고 전화했습니다"라고 하면 "예, 고객님. 전화 주셔서 감사합니다. 몇 분이시지요?" 하고 시간, 요금, 날짜 등을 물어본 다음, 마지막으로 "고객님, 다시 한 번 확인하겠습니다. 날짜, 요금은……"이라고 확인한 후 한 번에 끝내보라. 고객이 무척 좋아할 것이다. 단 한 번의 예약전화로 해결되었기 때문이다.

전 직원이 고객상담을 할 수 있도록 교육시킨다

이렇게 하기 위해서는 어떤 노력이 필요한가? 예약실이

바쁘면 고객은 기다려야 한다. 그러나 고객을 기다리게 하지 않는 방법이 있다. 바로 모든 부서가 예약실이 되어 고객의 예약을 처리해주면 된다.

고객만큼 중요한 존재는 없다. 경리과는 고객이 없다면 무슨 계산이 필요하겠는가. 총무과도 마찬가지이다. 총무과 역시 고객 없이는 존재할 수 없다.

공연장이라는 업체를 운영한다면 어떤 부서를 연결해도 공연 관련 예약에 관한 한 직원들은 박사가 되어야 한다. 경비를 서는 직원이라도 전화가 걸려오면 예약을 받을 수 있도록 시스템을 확 뜯어고쳐야 한다. 경비는 경비만, 총무과는 인사관리만, 경리과는 계산만, 이런 시스템이라면 곤란하다.

병원과는 다르다. 병원이야 감기에 걸리면 당연히 환자가 내과에 가야 한다. 내과 의사가 외과 진료를 하는 경우는 없다.

그런데 모든 서비스 업체에서 병원에서 하는 것과 같은 분과 시스템을 적용하고 있으니 문제다. 환자처럼 전문적인 치료를 원하는 것도 아닌데 말이다. 공연장을 운영하는 업체라면 당연히 관람객이 최우선이고 나머지는 부수적인 사항이다.

이런 문제가 발생하는 주요 원인이 무엇이라고 생각하는가? 바로 직원들의 교육 부족과 이기심 때문에 이런 문제가 발생한다. 오늘부터 당장 직원들을 철저하게 교육시켜라. "아니, 우리는 경리과인데 무슨 예약을 받으라고 그러는 건가요?"라고 항의하면 당장 그만두라고 할 정도의 강력한 메시지를 보낸다.

물론 직원들의 고유한 업무영역을 침범하는 것은 문제가 심각해질 수도 있다. 하지만 고객과 관련된 문제는 직원들 모두의 문제라고 할 수 있다. 이런 점을 인식하지 못한 채 계속 자신의 일이 아니라고 고집한다면 고객을 위한 서비스 자체를 그만두는 것이 낫다.

당신이 운영하는 기업에서 가장 중요한 업무가 무엇인지 선정한 다음 전 직원이 거기에 매달리도록 해야 한다. 그러기 위해서는 특정 업무의 교육을 매일 시켜야 한다. 업무를 공유하기 위해서 말이다.

이기심이 커지면 걷잡을 수 없다. 그렇게 되면 계속 고객의 전화를 이리저리 돌리고 마치 고객을 짐짝처럼 취급하게 된다.

"예, 감사합니다, 고객님. 예약을 처리해드리겠습니다. 예약기간, 요금, 인원은……." 이런 식으로 상세하게 전화를 받아보라는 것이다. 목소리는 굳이 예약실 직원이나 교환실 직원처럼 부드럽고 예쁘지 않아도 된다. 고객이 원하는 것은 예약이지, 예약실 직원처럼 부드러운 목소리를 듣고 싶은 것은 아니다. 고객은 예약이라는 목적만 달성하면 그만이다.

전화를 더 이상 빙빙 돌리지 않도록 '오늘부터 우리도 예약직원이다' 라고 교육을 시켜보자. 아마 확 달라질 것이다. 물론 처음에는 약간의 반발이 생길 수도 있다. 하지만 교육을 지속적으로 시키면 불만사항이 사라지고, 예약실

직원이나 총무과 직원도 회사를 위해 함께 열심히 일한다
는 사실을 인식하게 된다.

**고객의 얼굴을 보지 않는 전화상으로도 서비스를 잘 하기 위
해서는 어떻게 해야 한다고 생각합니까?**

- 고객은 단 한 번의 전화로 원하는 목적을 달성할 수 있기
  를 바랍니다.
- 전화를 여기저기 돌려 고객을 기다리게 하는 곳은 서비스
  가 엉망인 곳입니다.
- 고객은 전화를 받는 사람이 담당자라고 생각합니다.
- 고객은 직원의 상냥한 목소리도 중요하지만, 담당자와 통
  화하기를 더 바랍니다.
- 전화를 잘못 받으면 많은 고객을 잃어버립니다.

자동화가 좋은 것만은 아니다

"안녕하세요, 감사합니다", "안녕히 가십시오, 감사합니다"라는 말을 많이 들어보았을 것이다. 은행에서 말이다. 하지만 사람이 하는 것이 아니고 자동화된 장치에 의해 사전에 녹음된 목소리가 나온다. 은행 문을 열고 들어가고 나올 때 이런 목소리를 흔히 듣는다.

과연 이런 목소리를 듣고 "이 은행은 서비스가 아주 좋은데", "이제는 인사도 녹음해놓고 매일 하는군" 하면서 고객이 좋아할 것 같은가. 절대 그렇지 않다. '서비스를 직원이 하기에는 귀찮으니까 녹음기가 대신 해주는군' 이라고 생각할 것이 분명하다.

은행뿐이겠는가. 요즘 규모가 작은 병원이나 대학에 문

의할 것이 있어 전화를 해보자. 전화를 걸자마자 "안녕하세요. 어느 부서를 찾고 있습니까? 1번은 교무과, 2번은……" 하면서 전화를 건 사람의 용건과는 관계없이 자동적으로 흘러나온다. 만약 전화를 건 사람이 운이 좋으면 곧바로 자신이 알고자 하는 번호가 나오지만 그렇지 않으면 한참 동안 기다려야 한다. 그 지루함이란 이루 말할 수 없다.

기다리는 동안 '대학에서 이런 시스템을 도입하다니. 요즘은 즉석에서 친절하게 답변을 해주어도 서비스가 좋냐 나쁘냐 하는 판에 한심하군' 이라는 생각을 여러 번 했으리라. 규모가 작은 호텔도 마찬가지이다. 투숙한 고객과 통화를 하고 싶어 전화를 걸면 한참 시간이 걸린다.

찾고자 하는 해당번호가 단순한 한 자리 숫자면 그나마 다행이다. 어떤 경우는 세 자리 숫자가 연속적으로, 그것도 아주 빠른 속도로 흘러나오기 때문에 조금만 방심하면 금방 휙 지나가버린다. 이런 경우 처음부터 다시 들어야 하니 정말 미칠 지경이다. 예를 들면 '총무과 249번, 원무과 389번, 예약실 234번……' 등이다.

나이가 든 할아버지나 할머니의 경우 이런 번호를 금방

알아들을 수 없다. 할아버지나 할머니만 못 알아듣는 것이 아니라 젊은 사람도 정신을 바짝 차리지 않으면 듣기가 힘들다. 마치 3.6.9 게임에서 상대방의 말을 조금만 신경 쓰지 않고 들으면 이내 걸리는 경우와 마찬가지이다. 이처럼 고객과 신경전을 벌이듯이 게임을 하고 있으니 될 법한 일인가.

사소한 경비 때문에 고객가치를 상실하지 않도록 한다

칼 알브레히트의 저서에《유일한 것 : 고객의 파워를 비즈니스 중심으로 가져가라》라는 유명한 책이 있다. 이 책에 고객가치 패키지라는 내용이 있는데, 저자는 여기에서 7가지 고객가치 패키지라는 것을 주장하고 있다. 이 말은 고객이 가치를 느끼는 것이 7가지 있는데, 이것이 모두 합쳐져서 고객가치를 제공하기 위한 기반을 형성한다는 뜻이다.

그중 하나가 바로 '대인관계적 요소'이다. 고객은 매장에 들어가서 여러 가지 경험을 하게 된다. 예를 들면 매장의 분위기, 시각적·청각적 요인 등이 있는데 그 가운데서도 직원이나 다른 고객과 갖는 상호작용, 친절함, 예절 등을 경험하게 된다. 이는 고객이 매장에서 경험하는 일부에 지나지 않는다. 이런 일부의 경험이 나머지 6가지 경험과 함께 어우러져서 비로소 고객이 가치를 느끼게 된다는 사실이다.

이런 사실에 기인한다면 음성 녹음기를 갖다놓고 고객에게 앵무새 흉내만 내는 병원과 대학의 전화 시스템이 고객에게 어떤 경험을 갖게 하겠는가. 전혀 가치를 못 느낀다. 극히 일부의 경험이긴 하지만, 최소한의 경험이 고객에게 큰 가치를 느끼게 하는 밑거름이 될 수도 있다. 이런 사실을 명확하게 인지하고 있어야 한다.

물론 병원이나 학교 차원에서 별도의 교환원을 두면 인건비가 지출된다. 인건비 절약 차원에서 상당한 고민 끝에 이런 시스템을 설치했다고 생각된다. 그러나 이런 시스템으로 인해 고객이 당신의 병원에서 어떠한 가치를 경험할지에 대해서 생각해본 적이 있는가.

인건비 차원에서 절약이냐, 고객가치를 상실하느냐 중 어느 쪽을 선택할지 명확하게 구분해야 한다. 무조건 인건비 절약 차원에서 자동화 시스템을 운영하다가는 자칫 상당한 위험에 빠질 수 있다. 외부에서 전화를 걸어오는 고객 수가 얼마나 되는지, 자동화 시스템 대비 고객가치 창출의 비율은 어느 정도 되는지 명확하게 계산하지 않으면 큰코 다친다는 의미이다.

물론 어쩌다 한 번 외부에서 전화가 걸어오는 경우에는 교환원을 두고 운영하는 것이 부담이 될 수 있다. 이럴 때는 당연히 자동화 응답 시스템을 두어야 한다고 본다. 그러나 매일 수십 건에서 수백 건의 전화가 걸려오는 경우 너무 많은 전화로 인해 아예 자동화 시스템으로 전환했다면 심각하게 생각해보라는 것이다. 매일 걸려오는 전화고객 수만큼 당신이 운영하는 매장에 대해 "뭐야, 바빠 죽겠는데 전화가 왜 이 모양이야?" 하면서 불만을 가질 것이 분명하다.

그리고 한 가지 더 명심해야 할 것은 첫 대면하는 순간부터 기분이 나빠지면 나머지 다른 일에 대해서도 호의를 갖기가 어렵다는 무서운 사실이다. "그 병원이 과연 진료는 제대로 할까?" 하면서 말이다. 다른 서비스도 엉망이 아닐까 고민하게 된다. 그러면 환자는 당신의 병원을 이용하려던 생각을 바꿔 다른 병원으로 발길을 돌리게 된다. 고객

에게 무언가 가치를 제공해줘야 한다. 비록 사소한 가치라
도 말이다.

인건비를 절약한다는 차원에서 매장을 모두 자동화로 전환
할 것입니까? 이때 조심해야 할 것이 있습니다.

- 직원들의 편리성보다는 고객의 편리성을 먼저 생각해야
  합니다.
- 인건비 절약으로 인해 고객을 잃어버릴 수도 있습니다.
- 고객이 좋아하는 서비스는 직원들의 생방송 음성입니다.
- 경우에 따라서는 자동화가 오히려 시간이 더 소요되기도
  합니다.

4장

고객을 감동시키는 아이디어를 개발한다

- 상품의 특성에 맞는 직책을 붙인다
- 매장에 직원들의 사진을 걸어놓는다
- 당신의 매장을 서커스단으로 만들어라
- 주유소의 007 작전

상품의 특성에 맞는 직책을 붙인다

사장, 부장, 과장 등 흔히 기업에는 직급이라는 것이 있다. 직급은 다시 세분화되어 각 담당 부문별로 직급을 부여하기도 한다. 영업을 전문으로 담당하는 부서장의 경우 영업이사, 영업과장이라고 하여 직급을 부여한다.

그러나 이런 직급에서 과감히 탈피해 파격적인 직급을 부여해주는 것은 어떨지 생각해보기 바란다. 특히 서비스 업종이라면 말이다.

예를 들어 고객의 불평불만, 즉 컴플레인을 담당하는 직원이라면 '고객 불만처리 이사', '고객 컴플레인 과장'이라고 이름을 붙인다. 그리고 영어로도 거창하게 'Guest

Complain Manager’, ‘Guest Complain Directer’라고 이름을 붙인다.

영업과장이라고 하면 고객은 ‘이 회사의 영업매출을 직접적으로 담당하는 사람이군’이라고 생각하게 되지만, 이는 다른 업체에도 똑같이 적용되기 때문에 고객에게 특별한 인상을 심어줄 수 없다. 따라서 고객 서비스가 직접적으로 매출에 직결되는 회사라면 파격적인 직급을 부여해 보자.

놀이공원같이 어린이를 동반한 가족고객이 많이 오는 곳이라면 어린이 놀이터의 분위기에 맞게, 어린이들이 이해하기 쉽게 직급을 부여한다.

회전목마를 담당하는 책임자라면 회전목마 과장, 놀이동산이면 놀이동산 과장, 햄버거가게면 햄버거 주임, 햄버거 과장, 피자 전문점이면 피자 주임, 피자 부장, 기차놀이 담당이면 기차놀이 과장, 번지점프 과장 등 직급은 부여하기 나름이다.

이왕 놀이공원에 왔으면 기구 타는 재미도 즐겁지만 놀이공원에서 일하는 사람들의 명찰을 보고도 흥미를 느낄 수 있게 해야 한다.

"아니, 우리가 뭐 광대란 말이오?"라고 반발할 수도 있겠지만 절대 그렇지 않다. 분위기가 중요하다는 사실을 지적하고 싶은 것이다.

놀이공원에서만 이런 직급을 부여하라는 것이 아니다. 어떤 종류의 서비스를 고객에게 판매하느냐에 따라 직급을 달리 부여할 수도 있다.

아파트 경비원을 예로 들어보자. 마치 경찰서와 같은 분위기를 주는 직급도 많다. 경비반장이니 제1초소 반장, 정문 담당 등 여러 가지가 있다. 그러나 아파트가 교도소나 경찰서가 아니니 좀더 아파트 주민들에게 친근하게 다가갈 수 있는 직급을 연구해보아야 한다.

이왕이면 경비반장보다는 서비스 반장, 서비스 관리사, 아파트 과장 등 얼마든지 있다. 그런데 굳이 경비니 초소니 하는 딱딱한 단어를 사용하는 이유를 모르겠다. 여러 사람에게 보여주는 명찰의 직급도 고객에게는 중요하다. 아파트 주민들에게 좀더 친절하고 부드러운 분위기를 제공할 수 있는 직급을 부여하자.

음식점은 어떤가. 동태찌개만 전문적으로 하는 음식점이라면 과감하게 동태 사장. 두부 전문점이라면 두부 과장, 두부 사장, 삼겹살 과장 등 얼마든지 있다.

직원의 깔끔한 복장은 고객을 즐겁게 한다

직급 못지않게 중요한 것이 또 하나 있다. 바로 복장이다. 피자가게라면 피자와 연관된 유니폼을 입고 배달하거나 영업장에서 근무한다.

요즘 컴퓨터를 구입한 고객을 상대로 애프터 서비스를 담당하는 기술직 직원들이 있다. 보통 기술직이라고 하면 기름이나 칠하고 작업복을 연상하기 십상이다. 카센터나 정비소에 가면 차를 정비하는 사람들이 입는 작업복에는 으레 기름이 묻어 있다. 그러니 고객들은 당연히 그렇게 생각한다.

그러나 고객의 생각과는 달리 깨끗한 작업복을 입고 나비 넥타이를 매고 근무한다고 하자. "아니, 여기가 호텔인가? 아닌데 분명히 카센터인데" 하면서 흥미를 가질 것이다. 어떻게 보면 우스운 일일 수도 있다. 그러나 청결한 이미지, 깨끗한 이미지를 전달하는 데는 최고의 효과를 발휘한다.

만약 당신의 집에 설치되어 있는 정수기가 고장나서 서비스를 부탁했다고 하자. 당신이 생각하는 이미지와는 전혀 달리 깨끗한 정장을 한 수리공이 방문했다면, 아마도 당신은 "저 사람은 정수기 고치는 사람이 아닌 것 같아" 하고 놀라면서도 한편으로는 기분이 좋을 것이다.

주유소의 판매원들도 마찬가지이다. 그저 아무렇게나 옷을 입을 것이 아니라 모자도 씌우고 밝은 색의 예쁜 유니폼을 입혀보자. 매장의 분위기가 한결 달라질 것이다. 그리고 명찰에는 '주유 과장'이라고 써붙여보라. 고객들이 흥미롭고 즐거워할 것이다. 기름을 넣는 잠깐 동안이라도 말이다.

놀이공원에 가보면 모조 다리를 한 키다리 아저씨를 볼 수 있다. 이들은 관객들이 많이 몰리는 관중 속을 걸어다니면서 어린이들에게 풍선도 불어주고 과자도 선물로 준다. 마치 성탄절 이브에 산타클로스 할아버지와 같은 복장을 하고 말이다. 이 역시 관람객들에게 흥미를 주기 위한 이벤트 행사이다.

입고 있는 옷이 깨끗하고 멋있어 보이면 상대방에게 좋은 이미지를 전해줄 수 있다. 속마음은 어떨지 몰라도 말이다. 일단 겉으로 보기 좋은 떡이 맛있어 보이는 것과 마찬가지이다.

당신의 매장이 복장과 무관한 곳이라 할지라도 담당직원들에게 깔끔한 옷을 입혀보라. 그러면 고객이 한층 더 신뢰할 것이다.

직급도 마찬가지이다. 과감하게 일상의 상식을 뛰어넘어 고객이 좋아하는 직급을 붙인다. 그러면 당신의 회사 직원이 멀리서 보이기만 해도 "○○회사 직원이네"라고 알아볼 것이다.

호칭 서비스도 중요하다는 사실을 알고 있습니까?

- 고객이 들어 흥미 있는 호칭으로 바꾸어주십시오.
- 고객 앞에서는 광대도 되어야 합니다.
- 고객이 보기에 어려운 호칭은 사용하지 마십시오.
- 서비스와 관련된 호칭으로 당장 바꾸어보십시오.

매장에 직원들의 사진을 걸어놓는다

관공서나 제법 규모가 큰 국영기업에 가보면 으레 현관 입구에 역대 사장들의 사진이나 대통령의 사진이 걸려 있다. 물론 유명한 사람이니까 사진을 걸어놓는 것이다.

그러나 유명한 사람의 사진만 걸어놓으라는 법이 있는가. 비록 화장실 청소를 하는 사람이라도 사진을 걸어놓는 것이 좋다.

요즘은 큰 병원에 가보면 각 병실마다 '오늘의 근무자'라고 하여 사진을 걸어놓은 것을 종종 볼 수 있다. 이름과 함께 사진을 걸어놓은 이유는 내가 맡은 업무를 책임지겠다는 의미로 받아들여진다. 실물보다 예쁘게 나온 사진을 걸어놓은 경우도 많이 보았다. 고객에게 잘 보이기 위해서인 모양이다.

고객을 제대로 관리하고 서비스하는 매장이라면 반드시 사진을 걸어놓으라고 권하고 싶다. 매장마다 전체 직원의 사진을 걸어놓아도 좋다. 연락처, 이메일도 사진과 함께 적어넣는다.

직원의 사진만 붙여놓을 것이 아니라 원하는 고객의 사진도 과감하게 붙여놓는다. 사진관에서 잘 나온 고객의 사진을 붙이듯이 말이다.

그리고 고객의 한마디를 덧붙인다면 더할 나위 없이 좋다. "나는 이 병원에서 암을 치료했습니다. 기적 같은 일이 일어났습니다. 다른 병원에서는 도저히 못 고친 병을 말입니다."

인터넷에도 사진과 함께 고객의 소리를 올려놓는다. 고객들은 점점 인증을 바란다. 그리고 무언가 신뢰할 수 있는 증거를 찾으려고 한다. 증거라는 것은 다름 아닌 사진과 관련 자료를 정확하게 제시하는 것이다.

매장에만 사진을 붙이라는 말이 아니다. 예를 들어 직원들이 야유회를 갔다 왔다고 하자.

야유회를 가면 대부분 사진을 많이 찍는다. 가족사진, 좋아하는 사람과의 사진, 직장상사와의 사진 등 이루 말할 수 없이 많은 사진을 찍는다.

그렇다면 이런 것도 과감하게 보여줘라. '우리 회사는 정말 분위기가 좋습니다' 라는 것을 보여주라는 말이다.

먼저 직원식당 입구 게시판에 사진을 붙여놓는다. 직원식당의 입구와 양쪽 벽에 모두 사진을 붙인다. 이런 사진을 보고 직원들은 흥미롭고 재미있어 한다. 억지로 웃음교육을 시킬 필요가 없다. 자연적으로 사진을 보고 웃는다는 사실을 명심하라.

그 다음에는 한 단계 더 나아가 매장 한쪽에 '직원들의 이번 주 야유회 풍경' 이라는 주제로 사진을 붙인다. '미친놈들 아니야. 왜 사진을 붙여놓고 난리야' 라고 생각하는 고객은 거의 없을 것이다.

오히려 '정말 분위기가 좋은 회사군. 이런 야유회 사진까지 붙여놓는 것을 보니 말이야' 하면서 고객들이 직원들을 대하는 태도가 달라질 것이다.

화목한 사진은 행복을 전달한다

사진만 붙여놓지 말고 전체 직원을 강당에 모아놓고 야유회에서 재미있었던 장면을 영화 상영하듯이 보여주는 것도 좋다. 직원들이 재미있어 하며 좋아할 것이다.

그리고 이제껏 가족들과 야유회 한 번 가지 못한 고객은 '나도 이번 주에는 가족들과 외식 한번 해야겠어' 라는 마음이 들 것이다. 어떻게 보면 고객 사랑으로 확산될 수도 있다. 고객 사랑은 곧 고객 가족 사랑으로 확대되어 당신의 기업에서는 사진 하나 붙여놓고 여러 가지 좋은 이미지를 얻을 수 있다.

한 단계 더 나아가 평온하고 다정한 가족사진을 한 장 선택해서 입구에 크게 붙여놓는다. 아빠와 아들, 아내, 딸이 다정하게 손 잡고 있는 모습을 말이다.

이런 모습을 본 고객은 '정말 화목한 가정이군. 그런데 나는 뭐야? 늘 술만 마시고 아이들에게 잔소리만 하고 있으니. 아이들에게 줄 선물이라도 하나 사가지고 가야겠군' 이라는 마음이 들 것이다. 이는 결국 매상으로 직결될 수 있다.

직원들도 사진을 붙여놓으면 책임감이 생겨서 더 열심히 일한다. '내 사진이 매장에 걸려 있네. 역시 우리 회사야' 하면서 자부심과 긍지를 갖게 된다.

사진을 걸어놓으면 사장과 직원, 부장과 대리, 과장과 말단사원, 신입사원과 대리의 관계가 한층 더 부드러워진다. 회사 직원들과 함께 찍은 단체사진을 보는 순간 '무척 가까운 사이 같아 보이네' 라는 생각이 든다.

유명한 사람의 사진만 걸어놓는 것이 기업의 이미지를 높이는 것은 아니다. 정기적으로 직원식당에 가족들의 야유회 사진을 걸어놓기도 하고, 매장에 사진을 전시하기도 한다.

나이트클럽에 가보면 '이달의 출연진' 이라고 하여 유명한 가수의 사진을 붙여놓고 홍보한다. '우리 나이트클럽은 유명인사가 출연하니 많이 놀러 오시오' 라는 의미를 전달하는 것과 같다.

하지만 직원들의 사진을 걸어놓으라고 했다고 아무 곳에서나 걸어놓아선 안 된다. 만약 나이트클럽에서 직원들의 사진을 걸어놓았다고 생각해보자. "아니, 쟤들 돌았어? 쟤들이 오늘 단체로 출연하나?" 하며 비웃을 것이다.

반면에 고객을 상대하는 매장, 가족 단위의 고객이 많이 찾는 매장에서는 직원들의 야유회 사진이 상당한 효과를 발휘한다.

사진과 더불어 동영상도 과감하게 띄워라. 회사의 홍보 자료만 띄우지 말고 각종 흥미거리가 될 만한 것을 띄우라는 것이다.

회사의 야유회도 좋고 상품선전도 좋고 다 좋다. 뭔가 회사가 움직인다는 것을 보여줄 필요가 있다. 아무것도 안 하고 직원들만 들볶을 것이 아니라, 직원들에게도 뭔가 흥미가 될 만한 것을 찾아야 한다.

입구에 들어서는 순간 사장님의 사진이 걸려 있다고 좋은 이미지를 심어주는 것은 아니다. “아니, 저 사장님은 왜 저렇게 못생겼어”라는 소리나 듣기 십상이다.

예를 들어 음식점이라면 전 직원이 함께 활짝 웃는 사진을 음식점 입구에 부착해놓는 것도 좋다. 그리고 사진 밑에는 ‘정성껏 모시겠습니다’ 라는 문구를 적어넣는다.

아니면 아예 입구의 간판을 확 바꾸어라. ‘우리 가족 음식점’ 이라고 말이다. 그리고 나서 온 직원이 다 함께 웃는 사진을 걸어놓는다.

외부에서 찾기도 쉽고 보는 사람들에게 즐거움도 주고 홍보도 되니 그야말로 끝내주는 아이디어가 아닌가.

직원들의 기분이 좋아야 서비스도 잘 한다는 사실을 알고 있습니까?

- 직원들과 같이 사진을 찍어 걸어놓으면 오랫동안 기억에 남습니다.
- 행복해 보이는 사진은 고객의 마음을 끌기에 충분합니다.
- 가능한 한 가족사진을 책상 위에 놓고 근무하도록 권하십시오.

당신의 매장을 서커스단으로 만들어라

어렸을 적 누구나 서커스 구경을 한두 번쯤 간 적이 있으리라. 동네에 서커스단이 들어오면 먼저 요란한 음악과 함께 무등차가 이 동네 저 동네를 한 바퀴 돌아다니면서 바람을 잡는다. 서커스가 왔다는 걸 알려야 사람들이 오기 때문이다.

구경꾼이 모이면 그네 타는 것도 보여주고 톱밥을 입에 집어넣고 불을 붙여 연기를 뿜어낸다. 이어서 무시무시한 칼을 들고 와서 다른 사람의 배 위에 사과를 올려놓고 힘껏 내리친다.

'아이고 죽었겠구나' 라고 생각하면 오산이다. 상처 하나 없이 일어선다. 이때 방청객들에게서 박수갈채가 쏟아져 나온다. 휘파람도 불고 말이다.

이렇듯 무엇을 팔든 간에 고객을 상대하는 매장이라면 서커스단에서 보여주는 것과 마찬가지로 일단 요란하게 움직이는 이벤트를 보여주어야 한다. 움직인다는 것은 많은 이벤트 서비스를 하라는 의미이다.

"또 노래를 부르네. 어제 저녁에도 노래 부르고 춤을 췄는데." 이런 말을 들을 정도로 요란하게 개점 축하 퍼레이드를 보여주는 음식점을 생각해보라.

이런 광경을 목격한 고객은 고객 서비스에 최선을 다하기 위해 경영주가 노력한다는 인상을 받을 수 있다. 뿐만 아니라 음식점도 서비스를 다양화할 필요가 있다. 요일별로 서비스를 달리하는 것이다.

예를 들면 월요일에는 노인들에게 30% 할인, 비가 오는 날은 20% 할인, 화요일은 어린이 동반 가족에게 20% 할인, 목요일에 노인을 동반한 가족고객에게 30% 할인 등 다양한 이벤트를 통해서 고객들에게 한층 더 가까이 다가가야 한다. 이는 음식점이 직접 행동으로 보여주면서 고객을 위한 서비스에 최선을 다한다는 이미지를 심어주는 것이다.

호텔도 마찬가지이다. 운전면허증을 취득한 20~30세 이하의 지역 주민들에게 특정한 날을 정해 객실요금을 할인해주는 등의 이벤트를 자주 연다. 이 역시 호텔측에서 고객 서비스를 위한 노력을 보여주는 것이다.

어버이날, 스승의 날, 설날 등 특별한 날만 이벤트를 한다는 생각은 버려야 한다. 매장 자체적으로 노력해야 한다. 장애인을 동반한 가족에게 특별할인을 해준다거나 아이가 탄생했을 때 축하 이벤트를 호텔에서 열어준다. 물론 공짜는 아니지만 말이다.

결혼식 예약과 함께 예식장에서는 여행정보, 결혼 예물, 결혼 초대장, 가족 선물, 차량 서비스 등을 함께 제공해주는 토털 서비스를 마련한다.

여기에 한 가지 덤으로 결혼식 때 찍은 사진을 인화하여 가방에 부착해주는 것도 좋다. 가방에는 결혼을 축하하기 위한 메시지도 담겨 있으므로 사진을 부착한다면 영원히 기념으로 남을 것이다.

이 모든 것이 사소한 서비스 같지만 실제 신혼부부에게는 영원한 추억을 남겨줄 수 있는 감동적인 서비스로 다가온다.

인사도 마찬가지이다. 백화점이나 병원에서 늘 하는 “안녕하세요”, “감사합니다”라는 표현에 좀더 이벤트를 감미해서 다양화할 필요가 있다. 환절기일 경우에는 “환절기에 감기 조심하세요”라고 할 수도 있고, 요일별로 인사말 멘트도 달리한다.

예를 들면 월요일에는 “월요일입니다. 오늘 하루 즐겁게 보내십시오”라든가, “감사합니다. 오늘 하루 재미있게 보내십시오”라고 하라. 금요일이라면 “안녕하세요. 오늘은 가족과 함께 즐겁게 보내십시오”라고 말한다.

물론 처음에는 듣기 거북할 수도 있지만, 이 역시 고객을 위한 서비스이므로 고객은 매장에서 근무하는 직원들을 달리 볼 것이다.

비가 오는 날에는 20% 할인해주고 눈이 오면 30% 할인해주는 방법도 고객을 위한 이벤트 행사이다. 가만히 앉아서 고객이 찾아오기만 기다릴 것이 아니라, 매장 자체적으로 고객을 위해 무언가 제공해줄 수 있는 이벤트 행사를 항상 개최해야 한다.

똑같은 인사말이라도 “어서 오십시오”와 “어서 오십시오, 감사합니다”라는 말은 다르다. 물론 의미야 별 차이가 없지만 고객의 입장에서 볼 때 '감사합니다' 라는 말을 보다 부드럽게 받아들인다. 그리고 '고객이 방문하는 것을 감사할 줄 아는 곳이군' 하면서 흡족해할 수 있다.

이 역시 사소한 서비스지만 고객의 입장에서는 다른 의미로 받아들인다는 것이다. 고객을 대하는 인사말도 이벤트의 주제가 된다는 의미로 받아들일 수 있다.

매장의 특성에 맞는 다양한 이벤트를 하라

고객은 흥미가 있어야 좋아한다. 그리고 이벤트가 있어야 '이 집은 고객을 위해 서비스하려는 노력을 많이 하는 곳이군' 이라고 의미를 부여한다.

일주일 내내 당신의 매장을 이벤트로 채워라. 특별히 이벤트를 할 만한 것이 없다면 매장에서 노래라도 불러라. 춤도 추면서 말이다. 입구에서 북도 두드리고 춤을 추면서 고객을 위한 서비스를 정기적으로 개최하라. 뭔가 고객을 위해 움직인다는 것을 행동으로 보여줘라.

가만히 있으면 당신의 매장은 그냥 죽어버린다. 서커스를 보지 않았는가. 꽹과리를 치고 풍악을 울리면서 알려야 한다. 매장 밖과 안에서 매장의 특성에 맞는 이벤트가 지속적으로 이루어지도록 하라.

음식점이라면 명함집을 만들어 고객의 명함을 수집하라. 그리고 특정한 날이나 매월 한 번씩 추첨을 해서 당첨된 고객에게 무료로 음식을 제공하고 항공권도 주는 이벤트를 하라. 고객에게 이 집에 가면 뭔가 행사가 있다는 메시지를 전달하라.

카센터에서도 마찬가지이다. 한번 다녀간 고객에게는 지속적으로 이벤트를 하라. 예를 들면 타이어를 교체한 고객에게는 다음번 교체시기를 문자 메시지로 알려줘라. 오일, 미션, 엔진오일 등 다양한 것이 많다. 가만히 있지 말고 계속 문자를 보내 고객에게 우리 카센터에서는 고객을 위한 이벤트 서비스를 한다는 것을 알려라.

보험회사에서도 보험왕이 되려면 고객을 위한 다양한 서비스를 지속적으로 전달해야 한다. 오늘의 증권현황이나 날씨 등 고객이 흥미를 느낄 만한 소식들을 문자로 알려주는 것도 좋다.

또한 고객의 특성을 잘 파악하여 만약 고객이 원한다면 중매도 서준다. 뿐만 아니라 세금문제도 해결해준다. 자체적으로 해결하기 힘든 문제가 생기면 관련 전문가와 연결시켜주는 것도 서비스이자 이벤트이다. 당신을 만나면 안 되는 것이 없다는 인식을 고객에게 심어줘야 한다.

비즈니스는 전혀 생각지 않은 곳에서도 발생한다. 고기를 잡으려면 바다에 가야 하지만 상황에 따라서는 산에서도 고기가 잡힌다는 생각으로, 전혀 자신의 업무가 아닌 것도 서비스해주어야 한다. 그러기 위해 당신은 서커스단의 사회자가 되는 것이다.

중요한 이벤트 담당자를 계속 소개하면서 관객을 웃기고 울려야 한다. 당신은 이벤트의 지휘자가 되어야 한다. 언제 어느 장소에서도 고객이 원하면 해결할 수 있는 해결사 노릇을 해야 한다. 이 역시 사소한 서비스에서 나오는 것이다.

고객은 계속해서 당신에게 사소한 서비스를 요구할 것이고, 당신은 이런 서비스가 귀찮아질 수도 있다. 그러나 고객을 위한 진정한 서비스는 꼭 큰 것을 해줘야 하는 것이 아니다.

고객은 사소한 서비스로 당신을 평가한다. 지금 이 순간부터 당신은 마당발이 되어야 한다. 마담 뚜가 되어야 한다. 그러면 당신의 매장은 서커스가 펼쳐지는 무대로 바뀔 것이다.

*S*ervice *point*

당신이 운영하는 매장에서 정기적으로 이벤트 행사를 하고 있습니까? 만약 하고 있지 않다면 다음과 같은 문제를 고민해보십시오.

- 왜 우리 매장은 이벤트를 하지 않는지 생각해봅시다.
- 이벤트가 없이는 고객을 끌어들이기가 어렵다는 사실을 잊지 말아야 합니다.
- 적절한 이벤트가 생각나지 않으면 종업원, 이벤트 회사 등을 통해 아이디어를 얻는 것도 좋은 방법입니다.

주유소의 007 작전

기름값이 천정부지로 올라가고 있다. 이러다 보니 소비자인 고객은 가격이 저렴하면서도 서비스가 좋은 주유소를 찾느라 고민이다. 이제는 주유소도 서비스의 차별화 없이는 장사하기 힘들다. 주유소도 앞으로는 기름만 넣어주는 단순 서비스에서 종합적인 서비스로 변모해야 한다.

모든 차는 반드시 주유소에 가야 한다. 기름을 넣지 않으면 차가 움직이지 않기 때문이다. 그렇다면 이런 서비스를 한번 시도해보는 것은 어떨까. '여성 운전자 타이어 무료 특별점검'이라는 입간판을 달아놓고 서비스를 하는 것이다.

사실 조금만 신경을 쓰면 타이어의 마모상태를 금방 알 수 있다. 하지만 대부분의 여성 운전자들은 타이어를 언제쯤 교체해야 하는지에 관심을 갖지 않는다는 사실을 주목할 필요가 있다.

이때 주유소에서 간단하게 눈짐작으로 판단해서 "타이어를 교체해야겠는데요"라고 알려주는 서비스를 해보자. 아마도 고객은 '나는 전혀 모르고 있었는데 벌써 타이어를 교체해야 한다니. 큰일날 뻔했네' 하면서 타이어 교체시기를 알려준 주유소 직원에게 고마움을 느낄 것이다.

그렇다면 남성 운전자들이 반발하지 않을까. "이 주유소는 여성에게만 관심이 있나" 하면서 말이다. 그럼 남성 고객을 위한 서비스도 한 가지 시도해본다. 남성 고객을 위해서는 "엔진오일, 냉각수 무료로 점검해드립니다"라고 해보자.

엔진오일, 냉각수는 신경 쓰지 않으면 그냥 지나치기 일쑤이다. 타이어가 펑크나든가, 아니면 차가 가다가 고장나서 서게 되면 그제야 정비소에서 "엔진오일, 냉각수를 보충해야겠군요"라는 말을 듣는다.

바로 이런 문제 때문에 주유소에서 서비스 차원에서 점

검해주면 고객들은 무척 좋아할 것이다. 물론 쉬운 일은 아니다. 하지만 별도의 직원을 굳이 고용하지 않더라도 조금만 신경을 쓰면 바로 알 수 있다.

작전을 세워 차별화된 서비스를 제공한다

주유소에서 화장지나 주고, 그것도 "화장지는 셀프 서비스로 드립니다" 하면서 원하는 고객이 스스로 가지고 가게 하는 서비스로는 차별화되기 힘들다. 이런 서비스라면 해도 그만 안 해도 그만이다.

고객들은 이런 주유소에는 전혀 관심을 두지 않는다. 이왕 서비스를 해주려면 다른 주유소와는 뭔가 다른 서비스를 제공한다는 인식을 고객에게 심어줄 수 있어야 하지 않겠는가.

또한 고객이 주유소를 휴게소 공간으로 편안하게 느낄 수 있도록 서비스를 해야 한다. 단순히 기름을 넣어주는 것만으로는 경쟁력을 가질 수 없다.

일단 고객이 차를 몰고 들어오면 인사는 기본이고, 다음 동작으로 바로 기름을 넣는다. 기름을 넣는 짧은 시간이라

도 차 앞으로 다가가 깨끗한 수건으로 닦아준다. 운전석 옆의 백미러도 좋고 차량 뒷부분의 창도 좋다. 아니면 옆에 있는 차문도 닦아라.

가만히 우두커니 서 있다가 기름이 다 들어가고 난 뒤 "3만 원입니다"라고 하지 말라는 것이다. 우리 주유소를 선택한 이상 고객에게 뭔가 이익을 줘야 한다. 이익이란 돈을 말하는 것이 아니라 행동으로 보여주는 이익을 주라는 것이다.

종업원들이 일사분란하게 움직인다. 고객이 차를 몰고 오면 동시에 "안녕하세요, 감사합니다"라는 인사를 1단계로 하고, 곧바로 주유를 함과 동시에 타이어를 점검하고, 수건을 가지고 뛰어가서 유리창을 닦는다.

이런 서비스를 하는 곳은 많지 않다. 그저 도우미를 동원해서 춤이나 추는 주유소는 많이 보았다. 아니면 수수밭에 있어야 할 허수아비가 춤을 추는 주유소는 많이 보았다. 그런 것이 중요한 것이 아니라 실질적으로 고객에게 도움을 주는 서비스가 중요하다.

그리고 공간이 넓은 주유소라면 휴게실을 근사하게 꾸며 놓고 커피를 무료로 제공하고, 더운 여름에는 물을 얼려서 얼음물을 한 병씩 주자.

직원들에게는 운동화를 신겨서 항상 뛰어다니는 모습을 고객에게 보여준다. 일단 차가 들어오면 일사분란하게 움직이는 모습을 행동으로 보여주는 서비스를 하기 위한 것이다. 여름에는 운동복으로 갈아입혀서 '뛰면서 행동으로 보여주는 서비스'라는 이미지를 고객에게 심어준다.

이것말고도 얼마든지 많다. 물론 상황에 따라서 어떤 서비스는 돈이 좀 들어가기도 한다. 그러나 그 지역에서 고객에게 먼저 다가가는 서비스를 선도하는 주유소가 될 수 있다.

다른 주유소에서 따라하면 또 다른 획기적인 서비스를 계속 개발해서 도전한다. 그러면 주변 지역 사람들이 "○

○주유소는 못 따라간다니까. 서비스가 대단해” 하면서 칭찬을 아끼지 않을 것이 분명하다.

전쟁터에서만 작전이 필요한 것이 아니다. 주유소에서도 작전을 세워 차근차근 실행하면 고객을 사로잡을 수 있다. 주유소를 운영하는 사장이 직접 007 작전을 수립하여 내일부터라도 당장 작전을 펼치면 고객을 사로잡는 것은 문제가 없다. 아예 직원들의 유니폼에 ‘007 작전 주유소’ 라고 써붙여보자.

그저 음악이나 크게 틀어주고 춤만 현란하게 추는 모습을 보여준다고 고객이 좋아하는 것은 아니다. 괜스레 엉뚱한 데 돈만 버리지 말고 고객에게 실질적으로 도움을 줄 수 있는 방법을 연구하여 고객을 끌어들이자.

그리고 한 가지 더 강조할 것이 있다. 입구에서 우두커니 기름 넣는 장면만 보게 할 것이 아니라, 작은 브라운관을 하나 준비해서 실시간으로 주요 뉴스의 자막을 보여주는 서비스를 시도해보라.

비록 짧은 시간이지만 고객은 긴박하다. 찰나의 순간마다 엄청난 사고가 발생하는 전 세계의 주요 뉴스를 기름을 넣는 30초 동안 운전자가 접할 수 있다. “아니, 또 지진이 발생했네" 하면서 말이다. 자막 옆에는 오늘의 날씨예보도 곁들여보자.

요즘 고객들은 어떤 서비스를 원하는지 알고 있습니까?

- 요즘 고객들은 실용적인 것을 원합니다.
- 요즘 고객들은 요금에 민감합니다.
- 요즘 고객들은 짜릿하고 재미있는 것을 좋아합니다.
- 요즘 고객들은 정보를 빨리 얻고자 합니다.
- 요즘 고객들은 소문에 민감합니다.

5장

서비스는 정곡을 찔러야 한다

- 집중해야 할 정곡을 공략한다
- 당신은 나의 영원한 동반자
- 자신만의 독특한 주특기를 찾는다
- 한 번 악수한 사람은 절대 놓치지 말자
- 4번 웨이터 박지성입니다
- 과도한 경쟁은 망하는 지름길

집중해야 할 정곡을 공략한다

정곡을 찔러라. 아마도 군대에 갔다 온 사람들은 이런 말을 많이 들었을 것이다. 적의 숨통을 단숨에 끊어버릴 수 있는 방법은 다른 데 있는 것이 아니다. 정곡을 단숨에 찔러야 한다. 그래서 교관이 큰 소리로 연병장에서 '찔러 총'이라고 하지 않는가.

만약 교관이 '찔러 총'이라고 구령을 붙였는데 땅을 향해 찔러보라. 아니면 공중을 향해 찔러보라. 당장에 "야, 이리 와. 연병장 10바퀴 돌아"라는 불호령이 떨어지며 얼차례를 받는다. 이렇듯 '찔러 총'은 단숨에 적의 숨통을 향해 찌르는 것이다.

"아니, 서비스에 무슨 '찔러 총'이 나오고 이상한 소리만

하는 거요?"라고 의아해할지 모르겠지만, 서비스 업체를 운영하는 사람이라면 반드시 중요한 핵심을 알아야 한다. 고객의 숨통을 겨냥한 '서비스 찔러 총' 말이다.

그렇다면 한번 짚어보겠다. 만약 당신이 꽃가게를 운영한다고 하자. 시들고 생기가 없이 풀이 확 죽어버린 꽃을 전시해놓고 판매한다고 가정해보자. 아마도 꽃을 사러 온 고객들은 "이 꽃집 왜 이래? 곧 망하겠군" 하면서 꽃을 사기는커녕 욕만 하고 떠날 수도 있다. 꽃집의 정곡은 바로 화려하고 금방 새싹이 돋아날 듯 싱싱한 꽃에 있다. 여기에 '찔러 총'을 겨냥해야 한다.

음식점의 정곡은 맛, 세탁소의 정곡은 시간

음식점은 어떤가. 음식점도 요즘 장사가 잘 안 된다. 하루에도 수백, 수천 개의 음식점이 문을 닫고 있다. 이들 모두 엉뚱한 곳에 '찔러 총'을 했기 때문에 다 죽는 것이다. 적의 숨통을 올바로 보고 찔러야 하는데 엉뚱한 곳을 보고 찔러대니 죽을 수밖에. 이곳저곳 속속들이 찌르는 것이 아니다. 한 번에 끝장을 봐야 한다.

종업원도 친절하고 음식 값도 아주 싸고 나무랄 데 없는 음식점이 있다. 그런데 한 가지 문제가 있다. 맛이 없다는 것이다.

주인은 엉뚱한 곳에 '찔러 총'을 난발했다. 음식점이라면 다른 것은 다 제쳐두고 우선 맛에 '찔러 총'을 해야 한다. 음식점에서는 뭐니뭐니 해도 맛이 가장 중요한 정곡이고 숨통이다. 그런데 엉뚱한 곳을 찔러대고 있으니 어떻게 살겠는가.

세탁소로 한번 들어가 보자. 세탁소의 정곡은 어디에 있다고 보는가? 세탁소 하면 우선 떠오르는 것이 세탁을 잘해야 한다. 그러나 생각해보라. 요즘 세탁소라는 간판을 달아놓고 세탁을 제대로 못 하는 곳을 보았는가. 대부분의 세탁소에서 세탁과 드라이는 기본이다.

이런 기술이 없이는 자격증을 취득할 수도 없거니와 장사도 할 수 없다. 세탁에 관한 기술은 비슷하다. 이런 데 괜스레 '찔러 총'을 하다 보니 시간만 낭비하고 고객은 떠나간다.

요즘 세탁소의 정곡은 시간에 있다. 세탁물을 맡기면서 어떤 말을 가장 많이 하는가? 바로 "사장님, 언제까지 가능한가요?" 하는 말이다. 그러면 대부분의 사장이 하는 말은 "일이 밀려서 조금 기다리셔야 되는데, 내일 오후까지 되겠습니다"라고 한다.

고객은 곧바로 "좀 빨리 안 될까요?"라고 묻는다. 바로 여기가 '찔러 총'이다. 여기에 찔러야 당신이 운영하는 세탁소가 날로 번창할 수 있다.

대형 할인점의 정곡은 배달, 카센터의 정곡은 가격공개

요즘 할인점들이 많이 들어서고 있다. 그것도 대형 할인점, 대형 마트들이 많이 들어서고 있다. 자세히 살펴보자.

대형 할인점을 운영하는 사람들이 하나같이 자랑하는 것
이 무엇인가? "고객 여러분, 우리 매장에는 없는 것이 없
습니다. 일단 한번 들러보시면 모든 물건을 다 구입할 수
있습니다" 하면서 자랑한다. 아니, 당신 매장에만 물건이
있고 다른 곳에는 없단 말이오?"라고 반문하지 않을 수 없
다. 요즘 대형 마트치고 없는 물건이 어디 있는가.

그런데 사장님들은 많은 물건을 갖다놓고 파는 것이 바
로 '찔러 총'이라고 생각한다. 이 역시 허공이나 땅을 보고
찔러대는 것이다. 물건이 많다면 당연히 구입하는 물건의
수도 많다는 사실을 알아야 한다.

요즘 차가 얼마나 많이 밀리는가. 집만 나가면 차가 밀려
서 걸어가면 10분 걸리는 거리도 차로 가면 오히려 30분
걸리는 곳도 많다. 그래서 배달이 우선이다. 고객이 매장
에서 물건을 구입하고 계산을 마침과 동시에 고객의 집에
물건이 배달될 정도로 빠른 배달 서비스 시스템을 갖춰라.
가칭 '익스프레스 서비스(Express Service)'를 하라는 것
이다. 여기에 '찔러 총'을 해야 한다.

정확하게 내리꽂으면 게임은 바로 끝난다. 어디에 '찔러
총'을 할 것인지가 정말 중요하다. 그래서 총검술이 힘든

것이다.

이번에는 카센터로 가서 '찔러 총'을 해보자. 동네 어디를 가든 카센터가 많이 눈에 띈다. 만약 당신의 차가 갑자기 엔진에 이상이 있어 시동이 걸리다 안 걸리다 하면 우선 카센터를 떠올린다.

그런데 문제는 주위에 카센터는 많지만 어디를 가야 제대로 수리해줄지, 또는 바가지를 씌우지 않을지 정말 고민된다는 점이다.

상당수의 사람들은 그래도 한 번 간 카센터를 선택한다. 아는 곳이 많지 않고 혹시 잘못 가면 돈이 더 들어가지 않을까 걱정하기 때문이다. 그래서 카센터 입구에 '최고의 정비실력을 갖추었습니다', '고객을 위한 감동 서비스를 실천하겠습니다'라는 문구를 써놓은 것을 많이 보았다.

그러나 일단 '찔러 총'을 하려면 가게 입구에 가격을 크게 써붙여놓아야 한다. 마치 법원의 부동산 경매처럼 말이다. '○○부품 교체는 얼마, ○○정비는 얼마' 등으로 상세하고 크게 써붙여서 가격을 공개하라는 것이다. 카센터의 정곡은 바로 수리내역을 상세하고 정확하게 알리는 데 있다.

만약 당신이 서울에서 목포를 간다고 하자. 그러면 당연히 서울역에서 표를 끊든지, 인터넷으로 표를 구매한다. 역 광장에 가보면 시간, 노선, 요금 등에 관해 상세하게 알림판에 적어놓고 있다. 이것을 보고 아무 의심 없이 고객은 표를 구매한다. 표를 구매하는 데 있어 전혀 의문을 제기하지 않는다.

물론 카센터에 가면 내역서를 영수증으로 끊어준다. 그러나 항상 의문을 갖는다. '다른 카센터에서는 얼마를 받을까? 내가 비싸게 지불한 것은 아닐까?' 하면서 말이다. 이런 의심이나 의문은 누구나 갖는다. 그래서 카센터의 '찔러 총'은 바로 가격공개에 있다. 역 광장에서 보는 것과 같이 누구나 쉽게 알 수 있도록 가격알림 보도판을 크게 만들어 벽에 부착하라는 것이다.

고객들은 대체로 공개된 요금에 대해서는 의심을 하지 않는 심리가 있다. 이 방법은 정말 대단한 '찔러 총'의 위력을 발휘할 것이라고 확신한다.

총검술은 힘들다. 정확하게 정곡을 찔러야 하기 때문이다. 정곡은 대단히 중요하다. 고객을 상대하는 대부분의 업체에서는 나름대로 준비해서 정곡을 찌른다고 하지만 생각처럼 쉬운 일은 아니다. 정확하게 정곡을 겨냥했을 때 고객이 당신의 업소에 줄을 서서 기다린다.

고객이 원하는 것이 무엇인지 정확하게 간파하지 못하면 서비스를 제공해보았자 아무 소용이 없습니다. 그렇다면 고객이 원하는 것이 무엇이라고 생각합니까?

- 시간을 중요하게 생각하는 고객이 있습니다.
- 요금에 민감한 고객이 있습니다.
- 분위기를 중요하게 생각하는 고객이 있습니다.
- 직원들의 친절을 가장 중요하게 여기는 고객이 있습니다.

당신은 나의 영원한 동반자

"당신은 나의 동반자, 아니 영원한 후원자요"라는 말은 결혼하고 싶은 상대방에게 힘을 실어주는 말이다. 영원한 후원자이기 때문에 당신과 결혼하는 것이다. 그저 살아보고 싫으면 이혼하는 것이 결혼이 아니다. 처음부터 확실한 동의를 구하고 신뢰가 서면 그때 결혼을 하는 것이다.

처음부터 신랑 될 사람과 신부 될 사람이 서로에게 확실한 신뢰를 가지고 출발하면 오래 장수하면서 금실도 좋다. 제품도 마찬가지이다. "가격이 아주 저렴합니다", "일단 한번 사용해보십시오. 그 효능의 진가를 알 것입니다"라는 말을 듣고 물건을 구입하지는 않는다.

만약 물건을 파는 사장이 "이 제품을 구입하면 고객님께서는 저를 영구히 구입하는 것입니다"라는 말을 했다고 하자. 물건을 구입하는 것은 이해하지만 사람을 영구히 구입한다고 하니 이해가 안 된다. 아니, 지금이 어느 시대인데 하인처럼 사람을 영구히 구입한다고 말하는지 이해가 안 된다.

그런 뜻은 절대 아니고, 물건을 팔 때 고객에게 확실하게 신뢰를 심어주라는 것이다. 그 물건을 구입한 고객이 마지막 죽는 순간까지 판매자가 그 물건에 대해 영원히 책임지겠다는 뜻이다.

시스템 전문가 래빗이라는 사람은 이렇게 말했다. "이제는 시스템 계약에 집중해야 할 시대가 도래했다. 판매자는 구매자와 지속적인 접촉과 발전하는 관계를 맺으며 자신의 시스템을 강화해야 한다. 판매는 일회성 사건이 아니라 장기적인 시스템이다. 전체 시스템이 장기적으로 얻을 수 있는 혜택을 생각해보라."

당신이 물건을 구입한다고 생각해보라. 단순히 기능만 많다고, 아니 가격이 저렴하다고 해서 구입하는 것은 아니다. 물론 물건의 종류에 따라 한 가지 조건만 마음에 들어도 구입하는 경우가 있기는 하다. 그러나 오래 사용할 중요한 물건일 경우를 생각해보라.

예를 들면 컴퓨터를 구입한다고 가정해보자. 요즘 성능과 디자인, 색상 등 다양한 제품들이 쏟아져 나오고 있다. 고객은 어디에서 싸고 기능이 좋은 컴퓨터를 구입할 것인지 고민한다. 그러나 막상 컴퓨터를 구입하는 순간 잠시 생각한다. '만약 고장이 나면 어떻게 처리하지?' 라는 의문을 갖는다는 말이다.

고객과 영원히 동거동락할 수 있는 방법을 찾는다

필자 역시 프린터를 하나 구입하기 위해 전자제품 가게에 들른 적이 있다. 이집 저집 돌아다니면서 "이게 얼마입니까?", "이런 기능도 되나요?"라고 물으면 대부분의 전자제품 가게에서는 친절하게 답변을 해준다. 이처럼 대부분의 가게에서 하는 말이 비슷한데 한 가게에서 좀 색다른 말을 하였기에 소개하고자 한다.

가격을 이것저것 물어보고 난 뒤 다른 가게에 가려고 하자, 주인은 "고객님, 아마도 다른 가게에 이보다 더 싸고 성능도 좋다고 하는 제품도 있을 것입니다. 그리고 제품에 따라 만든 회사도 다양합니다. 그러나 우리 집은 다른 집과 다른 것이 하나 있습니다. 바로 우리 집의 역사가 아주 오래됐다는 것입니다. 그리고 일단 제품을 구입하면 구입한 제품을 사용하시는 기간 내내 애프터 서비스가 가능하다는 점이 다르지요."

그리고 덧붙여서 "저는 프린터 하나만큼은 자타가 인정하는 기술자이고, 물건만 파는 것이 아니라 고객님과 영원히 함께 가는 동반자라고 생각하면서 영업을 하고 있습니다"라고 말하는 것 아닌가.

이 말 한마디에 나는 완전히 설득당해 "좋습니다. 그 프린터를 구입하겠습니다"라고 단번에 말해버렸다. 바로 이런 것이다. 이제는 서비스가 그저 판매하는 시점에서 친절한 접대만을 의미하지 않는다. 고객과 판매자 간의 돈독한 관계를 유지하기 위한 장기적인 시스템을 어떻게 구축하느냐에 따라 당신의 매장에 고객이 몰려들 수 있다.

그리고 고객과 영원한 관계를 유지하면 고객의 입장에서는 단지 프린터 하나만 구입하는 것이 아니다. 잉크도 갈아야 하고, 또 신기종 프린터가 나오면 당신한테 가서 구입한다. 프린터뿐만 아니라 컴퓨터도 구입한다. 그러면 당신은 가만히 앉아서 한 번 거래한 적이 있는 고객만 관리해도 장사가 되는 것이다. 이렇게 고객과 판매자가 서로 이익을 공유할 수 있는 시스템을 구축하는 것이 급선무다.

영원한 동반자 관계를 맺는 것은 신뢰가 있어야 가능한 일이다. 당신이 지금 동거동락하고 있는 남편, 부인도 역시 신뢰를 전제로 동반자가 된 것이다.

그저 물건만 달랑 팔고 그 이후에는 책임지지 않는 시스템이면서 서비스를 한다고 외치지 마라. 지금 이 순간부터 당신이 판매하고 있는 제품의 특성을 파악하고, 어떻게 장기간 고객과 동거동락할 것인지 생각해보라.

물건 구입과 동시에 고객이 집에 도착하자마자 "프린터는 잘 설치하셨습니까? 별다른 이상은 없었나요?"라고 점검한다. 그리고 수시로 전화를 걸어 상태를 점검하고 프린터 관련 신제품이 나오면 알려주기도 한다. 그러면 고객과 당신은 죽을 때까지 한 배를 타고 같이 가는 것이다.

당신이 팔고 있는 상품은 일회성으로 끝나는 것이 아니다. 풋사랑으로 끝나는 것이 아니라는 사실을 명심해야 한다. 불륜소설에나 등장하는 그런 일시적인 관계가 아니다.

당신의 부인이 고객이고, 당신은 판매자인 관계를 형성하라는 의미이다. 충성심이 강한 남편, 애정이 넘치는 부인, 늘 서로를 챙겨주는 부부, 이런 부부가 금실도 좋고 오래 살며 돈도 많이 벌고 자식도 훌륭한 사람이 된다.

그래서 고객은 자신을 잘 챙겨주는 음식점에 자주 가게 된다. 감기에 걸려 근처에 있는 병원에 갔는데 의사가 잘 챙겨줬다면 그 이후 아프면 그 병원으로 달려간다. 이 모든 것이 바로 최상의 서비스라고 할 수 있다.

*S*ervice *point*

고객이 가장 좋아하는 서비스는 무엇이라고 생각합니까?

- 직원과 사장이 신뢰할 수 있는 약속을 해주는 것을 좋아합니다.
- 보증서와 같은 증명서를 제시하면 좋아합니다.
- 일회성이 아닌 영구성을 강조하면 좋아합니다.
- 오랜 역사와 전통이 있는 매장을 좋아합니다.

자신만의 독특한 주특기를 찾는다

요즘 불황이다 보니 체인점마다 가격을 경쟁적으로 내리고 있다. 어떤 체인점의 경우 1인분에 돼지갈비 3,000원, 참치 마음껏 먹고 1만 7,000원 등 가격을 경쟁적으로 내리며 고객의 마음을 사로잡고 있다.

가격을 파격적으로 내려 고객 서비스 전략을 가격에 포지셔닝한 체인점들이다. 이런 음식점들은 맛도 일품이다. 음식점에서는 맛이 기본이므로 기본 이외의 주특기가 무엇인지도 중요하다.

1980년대 광학산업에서 주목을 받았던 렌즈 크래프터(Lens Crafters)는 각 매장마다 수천 개의 안경으로 장식하여 소비자의 마음을 끌었다. 이 회사에서는 일반 소규모

안경점들이 안경을 제작하는 데 1주일 이상 걸린다는 사실을 인식하고 전략을 바꾸었다. 즉석에서 고객이 원하는 디자인으로 안경을 만들어주는 것이다. 그 덕분에 큰 성공을 거두었다. 사람들에게 '안경을 빨리 맞추려면 렌즈 크래프터로 가야 돼' 라는 이미지를 심어주어 크게 성공한 기업이다. 한마디로 속도에 포지셔닝을 한 것이다.

안경을 만드는 것은 어느 안경점에서나 기본으로 다 하는 일이다. 그러나 시간은 다르다. 바로 기본 이외에 한 가지 더 주특기를 내세운 것이다.

호텔도 마찬가지이다. 일반적으로 사람들은 호텔 하면 크고 웅장하고 가격이 비싸고 돈 많은 부자들만 이용하는 것으로 인식해왔다. 바로 이런 점에 착안한 홀리데이 인 호텔(Holiday Inn Hotels)은 가격에 포지셔닝하여 중산층 여행자들이 이용하기에 적합한 가격을 제시해 성공을 거두었다.

호텔을 이용하는 사람들이 모두 돈을 많이 지불하는 호화로운 호텔을 선호하는 것은 아니다. "호텔은 그저 잠만 자고 편리한 시설만 갖추면 되는 것이지 뭐" 하면서 고급 호텔을 선호하지 않는 고객도 있다. 바로 이런 점에 착안

해서 성공을 거둔 것이다.

잠을 자는 것 이외에 가격이라는 한 가지 주특기를 더 발휘했다. 물론 전 객실을 초호화 스위트 객실로만 구성한 호텔도 있다. 이 역시 돈 많고 호화스러운 고객에 초점을 맞춘 것이다.

보험도 마찬가지이다. 자동차보험, 건강보험만 있는 것이 아니라는 사실을 주목할 필요가 있다. 모든 보험회사들이 자동차보험에 온 힘을 기울이고 있을 때 다른 보험을 찾아서 포지셔닝하자.

예를 들면 불임부부가 수술 후 아기를 가졌다면 이를 위한 보험도 좋다. 음식을 먹다가 갑자기 돌을 씹어 이가 부러졌을 때도 이를 위한 보험이 필요하다. 등산하다 다칠 수도 있고, 운동하다 다칠 수도 있다. 이를 잘 활용한 보험도 좋다.

기본 서비스 외에 틈새전략을 구사한다

문제는 어디에 초점을 맞추어 고객 서비스 전략을 구사하느냐에 달려 있다. 일명 기본 서비스 이외에 틈새전략을 세우라는 것이다. 불황이라면 가격전략을 세우고, 남이 하지 않는 틈새를 가만히 들여다보라.

또한 당신이 운영하는 매장에 가면 다른 곳과 무언가 다른 점이 있어야 한다. 예를 들어 베이커리 전문점이라고 하면 빵만 파는 것이 아니라 빵을 간단하게 구워 먹을 수 있는 토스트 기구도 판매해보라. 덧붙여서 각종 주스 만드는 기구도 판매해보라.

그러면 당신의 베이커리 전문점은 다른 베이커리 전문점과는 차별화된다. 이것이 바로 틈새를 공략하는 것이다. 이처럼 기본 상품 이외에 주특기 한 가지를 더 선택해서 판매하라.

호텔 객실도 일괄적으로 똑같은 양식의 개념을 도입할 것이 아니라, 다양한 스타일로 꾸며보자. 예를 들면 핀란드식 객실, 일본식 객실, 한국식 객실, 유럽식 객실 등 얼마든지 차별화를 시도하여 다른 숙박업소와 다른 무언가를 보여줄 수 있다.

이 역시 숙박기능은 똑같다. 그러나 당신이 운영하는 숙박업소는 기본 상품 이외에 다른 주특기 상품을 판매한다는 점이 다르다.

요즘 학교도 마찬가지이다. 백화점의 상품 진열대처럼 다양한 학과를 나열할 것이 아니라, 차별화된 특성 학과를 만들어야 한다. 다른 대학에서 하지 않는 학과를 만들어 차별화된 교수진, 학과 내부 커리큘럼, 학과 목적 등을 만들어 신입생을 유치해보라. 얼마든지 성공할 수 있다. 무언가 다른 것이 있어야 사람들이 몰려든다.

요즘 전국 어디를 가나 볼 수 있는 치킨 전문 체인점이 있다. 바로 교촌치킨과 BBQ이다. 이들 체인점은 다른 체인점과는 달리 독특한 소스를 개발하여 성공을 거두었다. 고객이 좋아하는 소스를 개발하여 성공한 것이다. 이처럼 무언가 특별한 것이 없으면 성공하지 못하는 시대가 왔다. 이것저것 여러 가지 하다 보면 특성화된 제품을 만들 수 없다.

서비스 역시 차별화하기가 쉽지 않다. 판매하는 상품만 차별화하라는 것은 아니다. 인적 서비스도 얼마든지 차별화를 시도할 수 있다. 당신의 매장은 다른 매장에서 하지 않는 독특한 인적 서비스를 하면 된다.

만약 당신이 아파트가 밀집된 중산층이 많이 모여 사는 동네에서 중국집을 오픈했다고 가정해보자. 보통의 중국

집에서는 직원들이 유니폼을 입더라도 호텔과 같이 나비넥타이를 매진 않는다. 그렇다면 과감하게 사장을 포함한 전 직원이 나비넥타이를 매고 영업을 해보라.

중국집만 그런 유니폼이 필요한 것은 아니다. 칼국수를 판매하는 음식점이라 해도 나비넥타이를 매지 말라는 법은 없다. 이처럼 뭔가 고객의 주의를 끌 수 있는 서비스를 시도하는 것도 도움이 된다.

요즘 동네 어디를 가나 병원을 찾아볼 수 있다. 그만큼 병원도 경쟁이 치열하다. 그렇다면 돌파구를 찾아야 하지 않겠는가. 당신이 운영하는 병원은 무엇으로 차별화를 시도할 것인지 심도 깊게 생각해봐야 한다. 이런 시도를 한 번 해보자.

요즘 어린이를 치료하는 소아과라면 내부에 놀이기구가 있는 것은 기본이다. 여기에 어린이들이 좋아하는 만화, 체스게임, 주사놀이, 어린이 음악 등을 준비해서 차별화를 시도한다.

뿐만 아니라 어린이 병원에 가보면 어른들을 위한 좌석만 있는 곳도 있다. 어린이들이 앉을 수 있는 빙글의자, 회전의자, 목마의자, 부채의자, 코끼리의자 등을 갖춰놓는다. 당장 이렇게 바꾸어보라.

당신의 매장, 상품, 서비스 등을 무엇으로 차별화할 것인지 심각하게 고민해야 한다. 남이 한다고 무조건 따라한다면 성공할 수 없다.

차분히 생각해보고 늘 찾아오는 고객이 무엇을 원하는지 조사해보라. 필요하다면 당신의 매장을 찾는 고객들에게 설문조사를 실시해서 직접 물어보고, 바꿀 것이 있으면 확 바꾸어라. 뭔가 차별화되지 않으면 고객이 찾지 않는다.

여러 가지를 잘 하는 것도 중요하지만 주특기를 찾아야 한다. 병원이라면 뛰어난 의술은 당연한 기본적인 것이고 다른 주특기를 한 가지 더 찾아야 경쟁에서 이길 수 있다. 기본이 주특기가 아니라는 사실을 명심해야 한다. 자신만의 독특한 주특기를 찾아야 한다.

고객을 접대하는 최일선에서 근무하는 직원들에게서 고객 서비스 아이디어가 나온다는 사실을 알고 있습니까? 그러나 직원들은 아이디어를 내는 데 인색합니다. 그 이유를 알고 있습니까?

- 아이디어를 낸 직원이 그 아이디어로 인해 고생하는 경우가 많습니다.
- 직원들은 고객 서비스 아이디어를 내보았자 소용이 없다고 생각합니다.
- 직원들은 자신이 맡은 일 이외의 업무에 대해서는 관심을 두지 않습니다.
- 서비스 아이디어를 낸 직원에게는 반드시 그에 대한 포상을 하십시오.

한 번 악수한 사람은 절대 놓치지 말자

악수한 사람을 절대 놓치지 말라는 이야기가 있다. 이유야 어찌되었든 당신과 한 번 악수를 했다면 그것보다 더 좋은 기회는 없다. 한 번이라도 악수한 사람은 당신의 미래 고객이 될 수 있기 때문이다. 문제는 당신이 한 번 악수한 사람을 어떻게 관리하느냐에 달렸지만 말이다.

세일즈왕, 보험왕, 서비스왕 등은 한 번이라도 악수한 사람을 절대 놓치지 않는다. 술이라도 한잔 한 사람이라면 최고의 기회라고 생각한다.

요즘 주 5일제 근무, 주 5일제 수업 등으로 금요일이면 복잡한 도심지를 벗어나 가족 단위로 농촌을 찾는 경우가 허다하다. 특히 초등학생의 경우 체험학습이라고 해서 딸기농장, 감농장, 친환경농산물 체험장 등에서 부모님과 함께 민박을 하는 경우가 많다.

만약 당신이 딸기농장을 운영한다면 관광객은 인터넷이나 시청의 홍보를 통해 당신의 딸기농장을 방문하여 딸기를 따먹고 사가는 체험을 한다. 이런 고객은 당신이 별도로 노력하지 않아도 시청의 홍보를 통해 스스로 찾아오는 고객이다. 한마디로 표현하면 당신과 악수한 고객이다.

이런 고객에게 당장 감사의 편지를 보내라. "바쁘신 와중에도 저희 농장을 찾아주셔서 정말 감사합니다"라고 기쁨과 감사의 편지를 써보내라는 것이다. 덧붙여 혹시 불편한 점은 없었는지 물어본다.

그리고 다음 딸기철에 이분들에게 다시 한 번 초청장을 보낸다. 바로 이것이 한 번 악수한 사람을 놓치지 않는 비결이다. 사소한 서비스지만 고객은 감동한다.

단골고객을 만들기 위한 아이디어를 짜낸다

타이어가 마모되어 더 이상 사용하지 못할 때 우리는 카센터를 찾는다. 그러면 친절한 수리원이 와서 타이어를 교체해준다. 이때 대부분의 카센터에서는 오일도 점검해준다. 특히 미션오일 같은 것은 전문가들이 아니고는 언제 갈아주어야 하는지 잘 모른다. 이런 것도 상세하게 잘 알려준다. 친절한 카센터에서는 말이다.

그러나 이 정도의 서비스로는 경쟁이 심한 카센터 업계에서 살아남기가 어렵다. 다른 방법을 생각해봐야 한다. 일단 당신의 카센터를 방문한 고객이라면 여러 가지를 고쳐주고 상담한 다음 그 내역을 컴퓨터에 기록한다.

이것을 아예 가지고 다니기 편리하도록 프린터로 출력하거나, 아니면 차량에 부착해서 다닐 수 있도록 스티커로 만들어도 좋다. '사장님의 다음 차량정비 계획'이라고 제목을 붙이고 타이어 교체시기, 오일 교체시기, 브레이크라이닝 교체시기 등을 기록해서 차량에 붙이고 다닐 수 있도록 만들어준다.

바쁜 고객은 언제 무엇을 교체했는지 꼼꼼하게 확인하는 것이 쉬운 일이 아니다. 이 역시 당신과 한 번이라도 인연을 맺은 사람, 즉 악수한 사람을 놓치지 않는 비결이다, 카센터측에서는 사소한 서비스지만 고객의 입장에서는 너무도 반가운 일이다.

그리고 카센터의 고마움을 차를 운전하면서 가끔 떠올린다. 그러다 "아니, 벌써 타이어 교체시기가 되었네" 하고는 처음 방문했을 때 당신이 제공한 차량정비 계획을 또 한 번 고맙게 생각한다.

뿐만 아니라 아예 집이나 차량, 사무실에 부착해놓고 늘 보게 하는 방법도 있다. 바로 달력이다. 예를 들어 정수기를 판매했다고 하자. 그러면 '○○정수기'라는 상호가 부착되어 있는 달력을 제공한다.

보통 정수기는 정기적으로 필터를 갈아주어야 하는데, 이 역시 교체해야 하는 날짜를 정확하게 기억하는 사람은 드물다. 그저 한참 사용하고 난 뒤 '언제 교체해야 하나' 궁금해하면서도 정확한 날짜에 교체하지 못한다. 때문에 처음에 정수기를 판매할 때 아예 달력에 표시를 해놓는다. '○월 ○일 정수기 필터 교체'라고 말이다.

이 역시 한 번 관계를 맺은 고객을 영원히 관리하기 위한 전략이다. 이처럼 악수를 한 번이라도 한 사람은 계속 당신과 함께 갈 수 있도록 아이디어를 짜낸다.

이런 방식은 백화점의 식료품 코너나 일반 대형 식료품

코너에서도 활용하면 좋은 아이디어이다. 예를 들면 정기적으로 방문하는 고객이 늘 사가지고 가는 품목을 컴퓨터에 입력시켜 정기적으로 단골고객에게 알린다. 그리고 관련 품목을 인터넷으로 알려준다. 고객은 자신이 원하지 않는 품목은 빼버리고 사야 할 품목만 주문하고, 돈은 인터넷 뱅킹으로 처리하면 된다.

이 역시 한 번이라도 당신의 매장을 방문한 고객과 끝까지 함께 가는 방법이다. 한 번 악수한 고객을 이렇게 철저하게 관리하지 않으면 절대 끝까지 함께 갈 수 없다.

당신의 호텔을 한 번이라도 방문한 사람이라면 고객의 방문목적이 무엇인지 정확하게 파악한다. 만약 관광이라면 여행과 관련된 다양한 정보를 제공해준다. 그리고 비즈니스 목적이라면 무역과 관련된 업무를 도와주는 역할을 한다.

어쩌다 들른 호텔에서 갑자기 복통이 일어나 전화를 했다면 즉시 당신의 호텔을 방문할 의사도 미리 준비해두어야 한다. 일단 호텔을 방문한 고객이라면 호텔에서 서비스할 수 있는 범위 내에서 모든 것을 최대한 갖추어놓고 있어야 한다.

이 역시 단 한 번이라도 당신과 악수한 고객을 놓치지 않는 비결이다.

단 한 번이라도 악수한 고객을 어떻게 관리하겠습니까?

- 즉시 고객 데이터에 입력하십시오.
- 단 한 번을 만나고도 영원한 파트너가 될 수 있습니다.
- 첫 대면이 아주 중요합니다.
- 한 번 악수한 고객을 뜨내기 고객이라고 생각하고 소홀히 하지 마십시오.
- 단골고객은 바로 처음 악수한 사람 중에서 나옵니다.

4번 웨이터 박지성입니다

조용필, 박지성, 이영표, 야인시대 김두한 등은 흔히 들어본 이름이다. 유명한 사람들이니까 말이다. 나이트클럽의 웨이터들은 낮에는 집에서 쉬다가 밤이 되면 현란한 복장과 함께 가슴에 큰 글씨로 새겨진 명찰을 달고 홀을 누빈다.

이들의 서비스 정신은 실로 대단하다. 말 그대로 고객을 잡지 않으면 술을 못 파는 것이고, 고객이 없으면 나이트 클럽을 떠나야 하기 때문이다. 명함도 뿌리고 유명 연예인의 이름을 도용하면서까지 고객을 붙들기에 여념이 없다. "안녕하세요, 조용필입니다" 하면서 고객을 맞이한다. 이들의 인사는 가히 상상을 초월한다. 나이트클럽에서 웨이

터들이 인사하는 것처럼 일반 음식점이나 매장에서 한다
면 아마 고객은 기절할 것이다. 우연히 화장실에 갔다 오
다 웨이터를 마주치든, 웨이터가 고객의 테이블을 지나치
든 고개를 빳빳이 세운 채 걸어가는 모습은 보지 못했다.
혹시라도 건방지다는 모습으로 비쳐질까봐 노심초사하는
눈치다.

이들은 머리를 90도로 숙이면서 인사한다. 한두 번만 이
런 인사를 하는 것이 아니라 고객이 나갈 때도 인사, 들어
올 때도 인사, 맥주를 갖다주면서도 인사, 빈 맥주병을 치
우면서도 인사, 심지어는 한쪽 무릎을 완전히 고객 앞에서
굽힌 채 인사를 한다.

나이가 어린 사람이 "이봐, 김두한"이라며 반말을 해도
전혀 개의치 않는다. 오직 고객이라는 신분을 존중해주기
위해 자존심까지 죽여가면서 근무에 임하는 자세야말로
서비스 달인이 아니고서는 가히 흉내 내기 힘든 일이다.

인사만 잘 해도 고객은 무척 좋아한다. 인사만 잘 해도
주변 사람들로부터 좋은 평을 받는다. 화교들이 돈을 많이
버는 이유 중 하나도 바로 '당신 발 아래에 황금이 묻어 있
다' 라는 속담을 직접 실천하기 때문이다. 황금을 줍기 위

해선 몸을 숙여야 한다. 머리를 숙여야 돈이 들어오는 것이다. 고객 앞에서 자존심을 세운다면 당장 때려치우고 다른 업종으로 전환하는 것이 상책이다.

나이트클럽은 입구에서부터 단체로 인사를 한다. 여러 명이 입구에 서서 아주 큰 소리로 "어서 오십시오. 감사합니다. 안으로 안내해드리겠습니다" 하고 인사한다. 고객의 입장에서는 첫 대면부터 종업원이 눈을 껌뻑거리며 인사를 하는 둥 마는 둥 하는 곳에 비하면 서비스를 마음으로 가슴으로 훨씬 더 깊이 느낄 수 있는 곳이 바로 나이트클럽이다.

테이블로 안내하면서 곧바로 "4번 웨이터 조용필입니다" 하면서 자신을 친절하게 소개한다. 양주를 마시든 값싼 맥주를 시키든 개의치 않는 나이트클럽의 웨이터야말로 고객을 제대로 간파하고 있다고 생각한다.

행여나 고객이 화장실에 가면서 마주치면 잠시 가던 걸음을 멈추고 고객을 먼저 배려한다. 그리고 테이블에 여럿이 앉아 있는 곳을 지날 때는 그냥 지나치지 않는다. 한 번 머리를 숙이고 지나간다.

만약 당신이 음식점을 운영한다고 가정해보라. 입구에서, 그리고 단체손님이 있는 곳에서 부르지도 않았는데 지나가면서 인사를 하겠는가. 화장실에 들른 고객을 보았을 때 당신이 음식점 직원이라면 인사를 하겠는가. 쉽지는 않다. 그저 고객이 식당에 들어올 때나 나중에 계산하고 나갈 때만 인사를 할 뿐이다.

인사만 잘 해도 서비스의 기본은 한다

아주 사소한 서비스 중 하나가 바로 인사다. 인사는 늘 하는 것이기 때문에 자칫 그냥 지나치기 쉽다. 그러나 고객이 가장 기분 나쁜 것 중 하나는 종업원이 인사를 제대로 하지 않는 것이다. 당신은 진정으로 '5번 웨이터 김두한'과 같이 인사할 수 있겠는가. 지금 당장 당신의 이름을 걸고 인사를 해보라.

나이크클럽에서는 고객의 입장에서 지켜야 할 에티켓도 곳곳에 부착해놓고 있다. '오늘만 날이 아닙니다. 내일도 중요합니다', '상대를 소개받았을 때는 남성이라면 먼저 자리에서 일어나십시오', '상대가 마음에 들지 않더라도 기분 나쁜 표정을 짓지 마십시오'라는 팻말이 화장실이나 입구에 부착되어 있다. 고객을 정중하게 대하며 기분 나쁘지 않은 선에서 길들이는 방법이다.

고객이 이런 문구를 한 번쯤 보고 부킹을 하면 실수하지 않는다. 아주 사소한 서비스임에 틀림없다. 유명한 호텔인 리츠칼튼 호텔의 경우 정장을 하지 않으면 호텔에 입장하지 못한다는 문구나 나이트클럽에서 고객이 지켜야 할 에티켓이나 다를 게 없다.

인사만 잘 해도 좋은 이미지를 고객에게 심어줄 수 있다. "인사가 뭐 그렇게 중요한 일인가?"라고 말하지 마라. 만약 당신이 서비스 업종에 종사하는 사람이라면 나이트클럽을 한번 방문해보라. 이들이 어떻게 인사하는지 직접 목격하기 바란다. 나이트클럽에 가본 적이 있는 사람이라면 이들의 인사가 얼마나 인상적인지 느낄 것이다.

인사는 분명히 흔히 하는 사소한 것이다. 우리는 매일 인사를 하고 있다. 그러나 진정으로 상대를 감동시키는 인사를 하고 있는지 생각해보라. 당신의 매장, 당신의 업소, 당신의 기업에서 사소한 서비스인 인사만이라도 제대로 실시해보라. 분명히 좋은 결실을 얻을 것이다.

*S*ervice *p*oint

인사가 고객의 마음을 크게 움직인다는 사실을 알고 있습니까?

- 고객이 보이면 무조건 인사를 합니다.
- 허리를 굽히고 머리를 굽히는 것뿐만 아니라 말로 하는 인사도 필요합니다.
- 인사를 안 하면 당신의 능력과 무관하게 형편없는 사람으로 취급받는다는 사실을 명심하십시오.
- 오늘 하루 '5번 웨이터 김두한' 으로 변신을 해봅시다.

과도한 경쟁은 망하는 지름길

여름에는 보신탕을 많이 먹는다. 보신탕으로 오랜 역사와 전통을 자랑하는 음식점이 있는데, 이 집은 여름만 되면 고객들이 줄을 서서 기다린다. 가격도 비싼데 말이다.

그런데 36년의 역사와 전통을 자랑하는 보신탕 가게에 갑자기 복병이 나타났다. 음식 값을 파격적으로 낮춘 경쟁 음식점이 근처에 들어섰기 때문이다. 음식 몇 인분 이상 주문하면 소주 무료 제공, 가격도 다른 가게에 비해 파격적으로 낮추었다.

그러자 처음에는 대수롭지 않게 생각하던 역사와 전통을 자랑하는 보신탕 가게에서도 가만히 있을 리가 없다. 이

집 역시 몇 인분 이상 주문하면 한 사람분 무료에다 소주를 무료로 제공하는 등 경쟁을 유도한 보신탕집보다 더 파격적인 조건을 제시했다.

그러자 이번에는 경쟁 보신탕집에서 더 파격적으로 가격을 낮추고 동네방네 광고 전단지까지 뿌려대며 설쳐댔다. 이에 질세라 "전단지 가지고 되겠어? 우리는 일간지에 광고를 해야지" 하면서 광고싸움으로까지 번지게 되었다. 어떻게 보면 참으로 한심한 일이다.

음식점만 이런 경우가 있는 것이 아니다. 요즘 항공사마다 난리다. 어떻게 하면 고객을 유치할 수 있을지 고민이다. 그래서 해결책으로 나온 것이 마일리지 프로그램이다. 비행기를 타면 마일리지가 적립되어 고객은 나중에 무료로 비행기를 탈 수 있다.

그러자 경쟁 항공사마다 앞다투어 마일리지 프로그램을 적용한다. 그것도 파격적으로 말이다. 그러나 결국 경쟁을 하다 보면 모든 항공사가 자기들끼리 가격만 낮추며 싸우는 꼴밖에 안 된다. 보신탕집과 다를 게 없다.

이런 집도 있다. 고객에게 서비스를 잘 하기 위해 셀프서비스를 모두 없애버리고 음식을 먹은 후 디저트로 나오는 커피나 음료를 직접 서비스했다. 처음에는 직원 두 명이 해도 별 무리가 없었는데 차츰 고객이 늘어나자 이제는 직원이 직접 서비스하기가 힘든 상황까지 되었다. 그렇다고 현재의 고객 상황에서 직원을 더 늘릴 수도 없는 처지였다.

그래서 이번에는 다시 셀프 서비스로 전환해버렸다. 그랬더니 고객들이 갑자기 화를 내면서 "어제까지 직원이 직접 서비스하더니 이게 뭐야?" 하며 항의를 했다. 이런 경우는 경쟁점포도 없었는데 혼자서 고객에게 좀더 잘 해보려고 시작했다가 결국 지쳐 쓰러져버린 것이다.

이제 항공사도 큰 고민거리가 생겼다. 다른 모든 항공사에서 마일리지 프로그램을 실시하고 있으니 특별히 차별화되지도 않으면서 그렇다고 폐지할 수도 없기 때문이다. 처음 시도할 때는 파격적인 서비스였던 것이 결국에는 모든 항공사의 고민거리가 되고 말았다.

보신탕집도 마찬가지이다. 역사와 전통을 자랑하는 음식점에서 경쟁 음식점이 들어왔다고 민감하게 반응하여 '어디 한번 끝까지 해보자' 라며 오기를 부리다가 결국 두 집 모두 힘들게 되어버렸다. 별것 아니라고 생각한 사소한 서비스가 엄청난 결과를 초래한 것이다. 말 그대로 빈대 잡으려다 초가삼간 모두 태워버리는 꼴이 될 수 있다는 사실을 명심하자.

사소한 서비스가 중요하다는 이야기를 이 책에서 계속하고 있다. 그러나 사소한 서비스로 인해 엄청난 손해가 발생한다는 사실도 명심해야 한다. 무조건 '이건 고객을 끌어모을 만한 아이디어야' 라며 실시할 것이 아니라, '조금 더 깊이 생각해봐야겠어' 라며 신중하게 생각해본 다음 실행한다.

요즘 불황이다 보니 부가적인 서비스를 경쟁적으로 실시하고 있다. 과도한 출혈경쟁으로 결국 망하는 매장도 많이 보았다. 옆집에서 하고 있으니 안 할 수도 없고, 하자니 꼬리를 물고 끝까지 갈 수밖에 없는 상황이어서 문제가 발생한다.

사소한 서비스라도 시작하기 전에 충분한 타당성 조사와 연구를 해야 한다. 그리고 사소한 물적 서비스가 반드시 이익을 가져온다는 믿음을 버려야 한다. 신중하고 주도면밀하게 판단하여 사소한 서비스를 시작해야 한다. 특히 "한번 해보자는 거야?"라는 불 같은 성격, 남한테 지고는

못 사는 성격, 남이 춤추면 덩달아 춤추는 성격이라면 정
말 걱정이다.

경쟁업체를 상대로 서비스 경쟁을 하다 보면 모두 손해를 보
는 경우가 많습니다. 그렇다면 가장 좋은 방법은 무엇이라고
생각합니까?

- 우선 고객을 상대로 경쟁을 하십시오.
- 상황에 따라 경쟁업체와 공동으로 할 수 있는 고객 서비
  스를 모색하십시오.
- 고객 서비스도 중요하지만 기업의 이익도 중요합니다.
- 고객은 계속해서 무료 서비스에 관심을 갖는다는 사실을
  명심하십시오.
- 경쟁업체와 서비스 경쟁을 하다 보면 감정적인 대립으로
  이어질 수 있습니다.

6장

직원들의 서비스 교육

서비스 교육은 아무나 시키나

최전방에서 근무하는 병사는 프로다. 말 그대로 총도 잘 쏘고 달리기도 잘 한다. 만약 총도 제대로 못 쏘고 체력이 약하다면 최전방에 배치될 수 없을 것이다. 이들은 신병훈련소에서 철저하게 훈련을 받는다.

그리고 신병이 자대에 배치를 받으면 그냥 놔두는 것이 아니다. 탄약고는 어디에 있고, 취사장은 어디이고, 우리 내무반에서 성질이 고약한 고참병이 누구인지 상세하게 알려준다. 이렇게 신병을 따라다니면서 교육을 시킨다. 이런 일은 대부분 고참병이 하는 경우가 많다. 얼마 안 있어 군인생활을 청산하는 병장 말이다.

서비스도 아무나 하는 것이 아니다. 군대에서 전방은 적들과 대치하는 긴장감이 감도는 곳이다. 그렇다면 서비스 업체는 전방이 없는가? 고객과 최일선에서 마주보면서 근무하는 곳이 바로 군대의 전방과 같은 곳이다. 아마추어는 절대로 근무할 수 없는 곳이다.

제대로 훈련받지 못한 신병 때문에 항상 문제가 발생하는 것과 마찬가지로, 고객을 최일선에서 대하는 곳에서도 이제 막 입사한 신입사원으로 인해 문제가 발생한다. 그래서 필자가 제시하는 것이 '멘토링'이다. '멘토'란 조직에서 후진들에게 조언과 상담을 해주며 도움을 주는 사람을 말한다.

요즘 각 기업에서 멘토링을 많이 활용하고 있다. 선배가 후배를 지도하는 것이다. 일명 후원자, 선배님, 형님 등으로 호칭하기도 한다. "이봐, 똑바로 해" 하면서 첫날부터 군기를 잡는다. 서비스의 경우 특히 멘토링 제도를 잘 활용할 필요가 있다.

예를 들어 이제 막 영업부서에 입사한 직원을 교육시킬 때는 영업부서에서 오랫동안 근무한 경험이 있는 직원에게 맡긴다. 군대에서 스폰서라고 하는 제도와 마찬가지이다. 이는 빠르게 서비스 교육을 지도할 수 있을 뿐만 아니라, 지도를 받는 신입사원에게도 좋은 방식이다. 그리고 신입사원이 잘못한 경우 멘토를 나무란다. 신입사원의 잘못은 멘토의 잘못된 서비스 교육으로 인해 발생했기 때문이다.

멘토를 활용해 신입사원을 교육시킨다

각 업장별로 멘토를 확실하게 기용해서 같이 근무시킨다. 인사를 할 때, 돈을 받을 때, 식사를 할 때, 고객과 흥정을 할 때 이 모든 과정을 멘토와 함께 한다. 이런 과정을 6개월 정도 거친 다음에는 신입사원에게 멘토라는 직책을 부여하여 다시 신입사원을 맡긴다.

특히 호텔, 백화점, 외식업체, 보험사 등에서 멘토제도를 활용할 필요가 있다. 호텔의 경우 고객과 가상의 만남이라는 것은 없다. 일단 업장에 배치받으면 고객과 직접 접촉해야 한다. 이 경우 신입사원은 무척 난감하다. 백화점도 마찬가지이다. 물건을 고객과 가상으로 판매하는 것이 아니기 때문이다.

명찰에 멘토라고 써붙이고 다니는 것이 좋다. 고객의 입장에서는 다소 생소한 용어 같지만, 멘토라는 말 자체를 이해하는 사람이라면 당신을 한층 더 신뢰할 수 있을 뿐만 아니라, 기업 차원에서도 신입사원을 제대로 관리한다는 이미지를 얻을 수 있다.

사소한 실수에도 고객은 매우 기분이 상한다는 사실을 안다면 이제 막 입사한 직원을 곧바로 고객과 접촉하게 하는 것은 매우 위험한 일이다. 물론 교육을 시켰더라도 실전은 또 다르기 때문이다.

또 한 가지 좋은 방법은 멘토를 신입사원에게만 적용시키는 것이 아니라 고객에게도 적용시키는 것이다. 고객에게 서비스 교육을 시키라는 의미가 아니다. 멘토라는 명찰을 부착한 후 돌아다니면서 고객의 불편·불만사항을 들어준다. "이보시오, 식당이 어디입니까?"라고 묻는 고객에게 "네, 멘토입니다. 이쪽으로 따라오십시오" 하면서 고객을 관리하라는 말이다.

공항에 가보면 입국·출국 관련 각종 양식에 기입해야 할 것들이 있다. 해외여행을 많이 다녀본 사람이라면 별 문제가 없지만, 처음 여행하는 사람이라면 공항 지리도 잘 모르는데 적어야 할 것까지 있으니 당황하게 된다. 이때 멘토가 다가가 "무엇을 도와드릴까요?"라고 물으며 친절하게 안내한다면 멘토로 인해 업무가 한결 줄어들 거라고 확신한다.

매장이 아주 큰 대형 마트에 가보면 칫솔이 어디에 있는지, 신발은 어디에서 판매하는지 몰라 어리둥절할 때가 있다. 이런 문제를 해결하기 위해 멘토가 돌아다닌다. 가능하면 바퀴가 달린 신발을 신고 다니는 것도 좋다. 그리고 매장 입구에 크게 써붙여라. "여러분 주변에 있는 멘토에게 부탁하십시오"라고 말이다.

놀이공원 같은 곳에 가봐도 사람들이 많이 기다리고 각 매장마다 너무 복잡하다. 영화시간, 식사의 종류, 출구, 입구, 주차장 등 정신이 없다. 이럴 때 멘토가 돌아다니면서 해결해준다.

멘토는 누구나 쉽게 알아볼 수 있는 복장을 하라. 가능하면 거인 흉내를 내도 좋다. 그냥 돌아다닐 것이 아니라 어린아이들을 위해 풍선을 가지고 다녀라. 사탕이나 껌을 주머니에 넣어두고 어린아이들에게 준다.

멘토가 고객의 의문사항만 해결해주는 것은 아니다. 때로는 우는 아이를 달래주기도 하고, 기다리다 지친 고객에게 노래도 불러주는 등 이벤트를 한다.

신입사원을 교육시키고 고객의 의문사항도 해결해주는 멘토제도를 당신의 기업에서도 한번 시도해보라. 분명히 좋은 효과를 발휘할 것이다.

신입사원 교육을 제대로 실시하고 있습니까?

- 신입사원 각자마다 별도의 책임자를 임명하십시오.
- 서비스는 연습이 아니라 실전입니다.
- 처음에 고객 서비스 마인드를 잘못 적용시키면 바로잡는 데 오래 걸립니다.
- 고객 서비스 역할놀이 게임을 자주 하십시오.

기본에 충실하자

고객이 화가 난 이유를 알아보면 별 대수롭지 않은 일로 인해 기분 나빠하는 경우를 흔히 경험한다. 고객은 서비스를 제공하는 것이 아니라 서비스를 받고자 하기 때문에 이런 문제가 발생한다.

또한 서비스 업종에 종사하는 직원의 경우 기본에 충실해야 함에도 전혀 기본이 되어 있지 않은 직원이 의외로 많다는 사실에 놀라지 않을 수 없다.

서비스의 기본이란 고객을 대하는 자세이기도 하다. 기본에 충실하기 위해서는 다음의 3가지 정도는 완벽하게 갖추고 있어야 한다. 만일 이런 기본에 충실하지 못하다면 될 때까지 지속적으로 반복적인 교육을 시켜야 한다.

서비스 종사자가 갖춰야 할 기본 3가지

첫째는 인사다. 인사는 고객을 대할 때 가장 기본적인 서비스다. 일단 고객이 보이면 무조건 인사하는 것이 서비스맨의 기본이다. 인사를 하고 난 후 제품을 설명하거나 안내한다.

고객의 입장에서 볼 때 첫 대면에서 인사를 제대로 하지 않으면 '서비스가 전혀 안 되는 매장이군' 하면서 서비스에 문제가 있다고 생각한다. 그리고 제대로 인사하지 않는 매장에서는 더 이상 종업원과 대화하고 싶지 않다. 이미 기분이 상해버렸기 때문이다.

인사는 간단하다. 그저 "안녕하세요" 하기만 하면 된다. 그러나 이런 간단한 인사조차 하지 않고 그냥 우두커니 서서 고객을 보기만 하는 직원도 있다.

고객이 물건을 선택하고 나면 그제야 "그것은 10만 원입니다"라고 기다렸다는 듯이 가격을 말한다. 이런 경우 고객은 슬그머니 물건을 놓고 그냥 나가버린다. 물건이 마음에 들었다 해도 직원의 태도에 불만을 품은 것이다. '여기 아니면 물건 살 데가 없어서 온 줄 아나? 건방진 사람 같으니라고' 하면서 나가버린다.

고객을 보면 물건을 사든 말든 인사부터 하는 것이 기본이다. 물건을 보기만 해도 인사를 하고 물건을 안 사고 그냥 나가도 인사를 한다. 이런 기본 자세를 갖추지 않고는 도저히 서비스를 할 수 없다.

매일 고객과 거래하면서 인사하는 것은 기본이다. 그러나 이런 기본을 제대로 지키지 않는 경우도 상당히 많다. 그래서 매일 아침 인사교육을 실시해야 한다. 적어도 3~5분 정도는 사장, 부사장, 각 매장의 팀장, 말단사원 등 모두 모여서 오늘 하루도 인사를 철저히 하자는 각오를 다지고 1년 365일 인사를 한다. 서로의 얼굴을 마주보면서 말이다.

"아무것도 아닌 일을 왜 매일 한단 말이오?"라고 의아해할 수도 있지만 그래도 반드시 해야 한다. 좀더 철저하게 하려면 아침에 3분, 점심 먹고 3분, 저녁 먹고 3분, 이런 식으로 하루에 9분씩 매일 해보라. 당신의 매장은 서비스 잘 한다고 소문날 것이다. 매일 만나는 사람이라도 먼저 인사를 해보라. 그럼 상대방이 무척 좋아한다는 사실을 명심하자.

"안녕하세요"라는 말을 항상 달고 다니자. 고객을 만나든 아파트 경비원을 만나든, 서비스 업종에 종사하는 사람이라면 "안녕하세요"라는 말을 습관처럼 늘 한다.

둘째는 복장이다. 인사는 잘 하지만 입고 있는 옷이 고객을 접대하는 서비스맨의 복장으로는 부적합하다는 생각이 들 정도라면 이는 매우 심각하다. 고객은 첫인상이 좋은 직원에게 호감을 갖는다. 그래서 호텔에서는 정장 유니폼을 입고 고객을 맞이한다.

호텔뿐만 아니라 항공사의 스튜어디스도 마찬가지이다. 유니폼을 깨끗이 입고 있으면 고객은 서비스를 잘 할 것이라고 믿는다. 옷이 날개라고 하듯이 고객에게 좋은 이미지를 심어주기 위해서는 좋은 옷을 입고 깨끗한 상태에서 고객을 맞이해야 한다.

셋째는 웃어야 한다. 고객을 보는 순간 인사를 하고 좋은 인상을 심어준다. 이어 고객은 깔끔한 옷을 입고 있는 직원에게 호감을 갖는다. 그리고 웃는 모습을 보는 순간 '서비스를 잘 하는 매장이군' 이라고 생각하게 된다.

기본에 충실하지 못하면 다른 것을 아무리 잘 한다 해도 고객의 입장에서는 '형편없는 매장이군. 보나마나 서비스

가 엉망일 거야' 라고 생각하게 된다. 그래서 기본이 중요
하다는 것이다.

직원들에게 3가지 기본 교육을 철저하게 시키고 있습니까?

- 인사만 잘 해도 고객은 무척 좋아합니다.
- 유니폼은 폼으로 입는 것이 아닙니다.
- 서비스 교육은 반복적으로 해야 효과가 있습니다.
- 직원들의 기본 교육이 잘 되어 있으면 매출도 올라갑니다.

오늘은 친절띠를 두르는 날

"신사숙녀 여러분, 오늘은 고객을 위해 띠를 두릅시다"라고 사장이 말한다. 아침 조례를 주도하는 사장은 '오늘은 고객을 위해 서비스하는 날입니다' 라고 쓰여진 띠를 가슴에 두르고 나왔다. '평소대로 열심히 하면 그만이지, 띠까지 두르고 난리야' 하면서 직원의 입장에서는 불평을 할 수도 있다.

물론 직원들의 말이 틀린 것은 아니다. 띠를 두른다고 해서 직원들이 확 달라지거나 고객이 좋아한다는 보장은 없다. 그러나 띠를 두른다는 것 자체가 직원들에게는 경각심을 불러일으키고, 고객을 위한 서비스를 회사 차원에서 강조한다는 의미를 직원들에게 강력하게 전달하는 효과를 발휘할 수 있다.

사람들에게 보이는 복장은 대단히 중요하다. 만약 당신이 운전을 하고 가는데 갑자기 사이렌 소리가 나면서 경찰 복장을 한 사람이 바로 옆을 지나간다고 생각해보자.

아마도 당신은 "내가 속도위반이라도 했나?" 하면서 깜짝 놀랄 것이다. 천천히 차를 몰고 가는 중이라도 경찰차가 나타나면 괜스레 '내가 신호위반을 했나?' 라고 생각하게 된다는 것이다. 이것이 바로 복장에 대한 일반적인 사람들의 생각이다.

그래서 띠를 두르면 '오늘은 띠까지 둘렀으니 고객에게 조심해야지' 라는 생각을 갖고 매장에서 고객을 따뜻하게 맞이하게 된다. 귀찮겠지만 일주일마다 정기적으로 주제를 달리해서 띠를 둘러보자.

오늘은 '고객에게 친절하게 인사합시다' 라는 주제로 시작해보자. 인사를 열심히 하자고 말로만 외쳐보았자 소용이 없다. 뭔가 행동으로 확실하게 보여주어야 한다. '고객에게 친절하게 인사합시다' 라는 띠를 두르고도 인사를 제대로 못 하는 직원이 있다면 사장에게 꾸지람을 듣는 것이 아니라 고객에게 꾸지람을 듣는다. 거만하고 인사에 인색

한 직원에게 고객이 다가가 "이보시오, '친절하게 인사합시다'라고 띠만 두를 것이 아니라 인사 좀 제대로 해보시오"라고 꾸지람을 할 수도 있다.

가슴에 두르는 띠의 주제는 얼마든지 있다. '고객 서비스의 날', '친절 주일입니다', '고객 감동 서비스 실천 주간', '고객이 부르면 뛰어가자', '나는 서비스맨입니다'라고 적힌 띠를 두른다.

물론 웃음이 날 수도 있다. 그러나 고객에게 친절 서비스를 실천하기 위해 고객을 웃기는 것도 좋은 일이고, 직원들끼리 이런 띠를 두르고 웃을 수도 있다.

고객 서비스를 위해 띠를 두른 도우미를 배치하자

한 가지 명심할 것은 이런 띠를 두르는 것과 두르지 않는 것은 서비스 효과에 엄청난 차이가 있다는 점이다. 확실한 효과를 발휘하기 위해서는 매장의 성격이 분명해야 한다. 띠를 두르기 전에 매장에서 강조하는 것이 무엇인지 사장이 정해야 한다는 것이다. 매장에서 무엇을 고객에게 강조해야 하는지에 따라 고객이 서비스를 확실하게 느낄 수 있

기 때문이다.

또 한 가지는 가슴에 두르는 띠는 흥미로운 주제가 되어야 한다. 고객도 재미있고 직원도 재미있어야 띠의 효과를 발휘할 수 있다.

물 좋다고 소문난 나이트클럽은 왜 그렇다고 생각하는가? 바로 부킹에 있다. 외모가 멋진 사람이 아니라도 일단 그 나이트클럽에 가면 부킹이 이루어진다는 소문이 돌면 고객이 몰린다.

이때 부킹을 누가 시켜주는가? 바로 웨이터가 시켜준다. 그렇다면 아예 띠에다 '부킹, 걱정하지 마십시오', '부킹

절대 가능합니다' 라고 써서 둘러보자. 나이트클럽 입장객
은 "역시 이 나이트클럽이 국내 최고라니까" 하고 웃으면
서 나이트클럽의 서비스가 대단하다고 생각한다.

서점에 가보면 책을 찾기가 어려울 때가 한두 번이 아니
다. 좋은 책을 많이 판매한다고 광고를 해놓고 정작 고객
이 원하는 책을 찾을 때는 짜증이 난다. 너무 많은 책 속에
서 원하는 책을 제대로 찾을 수 없기 때문이다. 그래서 카
운터에 있는 직원에게 갔더니 책값을 계산하느라 정신이
없다.

그럴 때 띠를 두른 사람이 중간중간 돌아다니다가 고객
을 도와준다. '원하는 책을 찾아드립니다', '책 찾는 만물
박사' 라는 띠를 두르고 매장을 돌아다니게 한다. 책을 찾
는 고객은 무척 좋아할 것이고, 당신의 서점은 서비스가
좋다고 소문날 것이 분명하다.

물론 대형 서점에서는 컴퓨터로 검색해서 책을 찾는다.
그러나 모든 사람들이 컴퓨터로 책을 찾는 것은 아니라는
사실을 명심하라. 컴퓨터도 설치해놓고 띠를 두른 책 찾는
도우미도 중간중간 배치해야 한다.

큰 할인점에 가보면 롤러 스케이트를 타면서 고객의 짐

을 날라주는 직원이 있다. 띠를 두르고 말이다. 병원에서도 도우미를 적극적으로 활용한다. 대형 병원의 경우 규모가 너무 커서 처음 방문하는 사람은 방향감각을 잃어버리고 미로의 숲속에 온 듯한 느낌이 드는 경우가 많다.

그렇다면 중간중간 환자들을 관리해주고 건물 내부도 안내해주는 도우미를 배치하자. 도우미는 '저에게 무엇이든 물어보세요', '안내해드리겠습니다' 라는 띠를 두르고 병원 곳곳을 돌아다닌다. 이 역시 병원을 방문한 환자나 내방객들에게 "서비스가 대단해"라는 말을 듣는다.

이처럼 사소한 서비스를 조금만 신경 써서 제공해도 서비스가 좋다고 소문이 크게 난다.

S*ervice* p*oint*

당신의 매장에서는 정기적으로 친절띠를 두르고 있습니까?

- 띠를 두르면 번거롭지만 고객에게 친절하다는 메시지를 전달할 수 있습니다.
- 말로 하는 것보다 직접 몸으로 보여주는 것이 서비스입니다.
- 띠를 두르면 직원들이 고객을 함부로 대하지 않습니다.

매일 아침 조례를 한다

‘도대체 뭐하는 거야? 여기가 학교도 아니고 군대도 아닌데. 거 참 웃기는 음식점이군. 어라, 선서도 하고 있네.’

하나, 우리는 고객이 주문한 음식에 대해 절대 차별을 하지 않는다. 둘, 우리는 고객이 있는 곳에서 절대 잡담을 하지 않는다. 셋, 우리는 고객 서비스를 위해 최선을 다한다.

이런 음식점을 보았는가? 고객 앞에서 직원을 모아놓고 아침 조례를 하는 음식점 말이다. 고객은 그저 흥미롭게 바라볼 뿐이다. 그러나 음식점의 사장과 종업원은 마치 운동경기에서 선수 대표가 앞에 나와 큰 소리로 경기의 규칙에 대해 선서하는 것과 같이 엄숙하게 선서한다.

정말 우스운 광경이다. 음식점에서 무슨 조례를 한단 말인가. 그것도 종업원이 겨우 5명 정도밖에 되지 않는 소규모 음식점에서 말이다.

그러나 절대 그렇지 않다. 매일 반복되는 서비스에 길들여진 종업원이나 사장의 입장에서는 고객을 대하는 태도, 즉 마음자세가 매우 중요하다.

'매일 고객 서비스를 하는데 무슨 다짐을 하란 말이야'라고 직원이 불평불만을 터뜨릴 수도 있다. 그러나 이것은 잘못된 일이다. 음식점을 운영하든, 약국을 운영하든 상관없이 고객을 상대하는 업종이라면 말이다.

아침 조례는 고객 서비스의 시작

매일 아침 시간을 정해놓고 아침 조례를 해보라. 그러면 그 효과가 얼마나 큰지 눈으로 마음으로 바로 느낄 것이다. 사장이 앞에 서서 큰 소리로 "지금부터 2006년 7월 10일 아침 조례를 시작하겠습니다"라고 외치는 순간 운동장에 전교생이 모여 애국가를 부를 때와 같은 엄숙한 느낌을 전달받는다.

사장이 어제 저녁 음식점 영업을 마감하고 주방의 실장과 술 한잔 하면서 이런 말 저런 말, 심지어는 농담도 했지만 이 순간만은 숙연해진다. 주방장이나 사장은 오늘 하루를 시작하는 시점에서 고객 서비스를 어떻게 진행할 것인지 고민할 것이다.

이런 조례를 하면 처음에는 대부분의 직원들이 쑥스러워하면서 조례하는 것을 꺼린다. 그러나 시간이 지날수록 어제 저녁에 술 먹고 늦잠을 자려 했던 홀의 직원, 어제 골프를 쳤던 사장도 모두 아침 조례에 참가해야 한다는 의무감을 갖게 된다. 그래서 오늘 하루 말없이 쉬려 했던 직원이나 사장은 아침 조례 때문에라도 일찍 나올 수밖에 없다.

아침 조례를 실시할 때는 업장의 규모, 업장의 성격, 종업원의 수, 업장의 영업시간 등을 모두 종합적으로 고려하여 시행해야 한다. 상황에 따라서는 가수 현철의 〈봉선화 연정〉이나 〈정선아리랑〉 등의 노래도 곁들여서 다 함께 박수를 치면서 조례한다면 직원들이 흥미를 갖고 아침 조례에 임할 것이다.

"신나는데, 역시 아침 조례시간이 되면 나는 즐거워" 하면서 직원들이 하나둘씩 아침 조례에 관심을 갖기 시작하고 서비스도 개선될 것이다. 서비스의 핵심은 시스템인데 아침 조례를 통해서 시스템이 저절로 구축되고, 영업을 시작하기 전에 한 번 더 고객 서비스를 다짐하게 된다.

아침 조례가 너무 길면 지루해서 직원들이 짜증낼 수 있으므로 3~5분 이내에 끝내는 것이 좋다. 또한 짧은 시간 동안에 오늘의 지시사항, 고객에게 잘 한 동료 등을 칭찬하는 시간을 갖는다. "오늘 주방장님의 생일이랍니다. 다 같이 축하해줍시다" 하면서 박수를 치는 것 역시 아침 조례의 즐거운 이벤트 행사가 된다.

회사의 경영방침에 대한 선언문, 오늘의 지시사항, 칭찬할 직원, 박수, 노래, 춤 등을 아침 조례의 주요 매뉴얼로 포함시키면 좋은 결과를 가져온다.

'어제 조례를 했는데 오늘 또 한단 말이야' 하면서 신경질을 내는 직원도 있을 것이다. 그러나 사장은 확고한 의지를 가지고 지정한 시간에는 어떠한 일이 있어도 아침 조례를 지키는 습관을 들여야 한다.

설사 사장이 비즈니스 관계로 외국에 나가 있더라도 대신 아침 조례를 실시할 수 있는 직원을 선발하든가, 아니면 돌아가면서 아침 조례를 시킨다. 가장 말단직원도 아침 조례를 이끌어가게 한다.

여러 명이 양쪽에 서서 말단직원을 바라보며 따라하는 것도 서비스 정신을 기르는 데 도움이 된다. 고객뿐만 아니라 누구에게나 서비스 정신을 갖는다는 의미에서 말단직원이 외치는 고객 선언문을 따라한다면 서비스 정신이 마음속으로 깊이 스며들 것이다.

매일 반복해서 고객을 대하는 매장이라면 아침 조례는 필수이다. 아침 조례뿐만 아니라 업장의 특성에 따라 마감 조례도 실시한다면 좋은 서비스 정신을 기르는 데 효과적이다.

호텔에서 10년 이상 근무한 필자도 강의실에 들어가기 전에 '재미있게 강의하자. 오늘 하루 학생들에게 재미있고 유익한 말을 전하자' 라고 나 자신에게 외친다. 이 역시 마음속으로 다짐을 하는 것이다.

사람에게는 자신의 신념과 일치하는 행동을 하면 그 행동이 또다시 신념과 일치하는 행동을 하도록 자극하는 반복심리 욕구가 있다. 물론 매번 결과가 좋게 나타난다면 말이다. 그래서 행동으로 계속 이어지는 것이다.

이제 서비스는 아침 조례로 해결하기 바란다. 이 역시 아주 사소한 서비스임에 분명하다. 그러나 이런 사소한 아침 조례가 당신이 운영하는 매장을 바꾸고 직원들의 서비스 마인드를 확 변화시킨다면 지금 당장 실시해야 하지 않겠는가.

Service point

직원과 사장에게 일체감을 주는 아침 조례 서비스에 대해 알고 있습니까?

- 매일 아침 조례시간에 다 함께 박수를 칩니다.
- 매일 돌아가면서 아침 조례 사회를 봅니다.
- 매일 돌아가면서 동료를 칭찬합니다.
- 매일 회사가 정한 선언문을 낭독합니다.
- 매일 아침 조례시간에 사장이 좋은 속담을 말해줍니다.

전문지식으로 무장하자

시계를 사기 위해 시계점에 간 적이 있다. 시계를 판매하는 점원은 내 시계를 보자마자 "그 시계는 롤렉스 시계가 아닙니까?" 하면서 가격과 제품이 생산되는 지역까지 상세하게 설명해주었다. 물론 시계를 판매하는 사람으로서 당연한 말이다.

그러나 시계를 판다고 모두 전문가라고는 할 수 없다. 이제 막 시계전문점을 시작한 사람은 시계에 대한 지식과 경험이 부족할 수도 있다. 나는 시계를 판매하는 사람이 '시계에 대해 대단한 실력을 갖고 있군' 이라고 생각하여 그 시계점에서 다른 사람에게 선물해줄 시계를 구입한 적이 있다.

서비스를 잘 한다는 것은 여러 가지 각도에서 생각해야 한다. 간호사나 의사가 아무리 친절한 병원이라 할지라도 정작 환자의 병을 제대로 치료하지 못한다면 "형편없는 병원이군. 저 병원에 가면 고치기가 힘들어" 하고 혹평을 한다. 직원들의 서비스나 의사의 친절은 아무 소용이 없는 것이다. 말 그대로 전문적인 지식이 곧 서비스를 의미한다는 것을 단적으로 보여준다.

음식점이라면 "음식이 기가 막히게 맛있네" 하면서 음식 맛을 기본적으로 평가한다. 음식 맛만 좋으면 서비스가 조금 나빠도 고객들이 몰린다. 병원도 의사나 간호사가 다소 친절하지 않더라도 환자가 그 병원에 가면 100% 치료된다고 가정해보라. 환자들이 몰리는 것은 당연하다.

때론 전문지식이 최고의 서비스

이렇듯 업체의 성격에 따라 서비스를 보는 고객의 시각이 다르다는 사실을 알아야 한다. 전문적인 지식이 요구되는 업종에서 이와 반대의 현상이 나타나면 결국 서비스는 아무 의미도 없어진다.

일본의 도쿄 역에서 구두닦이를 수십 년 동안 한 사람은 구두 하나를 닦는 데도 일반 사람과 다르다. 잘 보이지 않는 구두 뒷부분도 아주 작은 거울을 준비해서 상세히 보면서 구두를 닦는다. 고객의 입장에서는 그저 놀랄 뿐이다. 손에 구두약을 칠하면서 자신의 구두를 닦는 것 이상으로 온 정성을 다하여 구두를 닦는다. 이 역시 전문가가 아니면 힘들다.

호텔도 마찬가지이다. 만약 고객이 호텔에 묵기 위해

"방은 어떤 종류가 있습니까?"라고 물었을 때 호텔에서 판매하고 있는 15가지 유형의 객실 종류와 요금, 특징을 모두 설명해준다면 고객은 직원의 설명을 신뢰하게 된다. 고객의 입장에서 볼 때 직원의 상세한 설명은 전문가라는 인식을 받을 수 있기 때문이다.

양복을 사기 위해 백화점에 들렀다고 하자. 판매하는 직원이 당신이 현재 입고 있는 옷에 대해 어디서 나온 제품인지, 가격은 얼마인지 상세히 알고 있다면 '대단한 직원이야. 양복에 대해서는 완전히 통달해 있군. 역시 전문가는 달라' 하는 생각을 하게 된다. 그리고 이 직원이 추천하는 양복을 은근히 구매하고 싶어진다.

이와는 달리 양복을 판매하는 직원이 양복에 대한 전문적인 지식 없이 색깔에 대해서만 막연하게 얘기하며 판매하고자 한다면 당신은 '양복에 대해 제대로 알지 못하는 것 같아' 라는 생각을 하게 된다. 무언가 부족한 느낌을 받게 되면 옷을 구입하고 싶은 생각이 사라진다.

귀금속점에서도 마찬가지이다. 만약 당신이 모조 금 목걸이를 하고 갔는데 "그거 비싼 금 목걸이군요"라고 한다면 그 순간 당신은 '내가 잘못왔군' 하는 생각이 든다. 그래서 슬머시 나와 다른 곳으로 갈 수밖에 없다. 모조 목걸이를 금 목걸이로 생각한다면 더 보지 않아도 그 사람의 수준을 알 수 있기 때문이다.

서비스에서도 전문지식은 매우 중요하다. 고객에게 제대로 된 서비스를 제공하려면 먼저 생각해야 할 것이 있다. 당신이 판매하고 있는 제품의 특성을 면밀히 검토하라. 고객의 입장에서 볼 때 전문적인 지식이 필요한 제품인지 말이다.

간단한 물건을 파는 문구점은 내부를 환하게 하는 것이 중요하다. 그러나 당신이 컴퓨터를 판매한다고 가정해보자. 컴퓨터에 대한 해박한 지식 없이는 절대 고객에게 서비스를 제공할 수 없다.

아무리 인사를 잘 하고 친절한 매너로 고객을 대한다 해도, 고객의 입장에서는 당신의 친절한 서비스가 중요하게 생각되지 않는다. 만약 고장이라도 나면 애프터 서비스를 신청해야 하는데 당신의 컴퓨터 지식을 신뢰할 수 없는 상태라면 절대 컴퓨터를 구입하지 않을 것이다.

컴퓨터에 대한 해박한 지식을 그저 듣기만 해도 고객은 당신을 신뢰하고 따른다. '저 친구는 컴퓨터에 대한 지식이 대단해' 하고 감탄하면서 말이다. 고객을 위한 사소한 서비스 같지만, 고객은 실제로 이런 전문적인 지식에 감동한다는 사실을 명심해야 한다.

정기적으로 직원들에게 교육을 시키고 있습니까?

- 상품에 대한 완벽한 지식으로 무장하면 고객에게 신뢰를 심어줄 수 있습니다.
- 교육을 통해 직원들에게 서비스를 강조할 수 있습니다.
- 교육을 하지 않으면 직원들이 나태해질 수 있습니다.
- 사내에서 서비스 대학을 운영하는 기업도 있습니다.
- 매장마다 직원들의 교육 이수증을 걸어놓으면 고객이 신뢰할 수 있습니다.

7장

너무 인색하면 고객이 떠난다

- 세상에 공짜는 없다
- 패키지 상품을 개발하라
- 사소한 서비스도 소홀히 해서는 안 된다
- 정기적으로 이벤트를 하자

세상에 공짜는 없다

상품을 팔아 수익을 내는 것은 기업에서 당연한 일이다. 어떻게 하면 좀더 많은 수익을 낼까 고민도 하고 연구도 한다. 그러나 이제는 고객인 소비자의 비위를 맞추지 않고 수익을 내기란 어렵다는 사실에 주목할 필요가 있다.

고객이 백화점에서 유명 메이커의 옷을 한 벌 사면 일정 금액이 장애인단체에 적립된다. 카드사에서는 고객이 사용한 매출액에서 일정 금액을 현금으로 지불한다. 그 액수는 많지 않지만 고객이 자신의 통장으로 직접 입금시켜도 되고, 아니면 카드사에서 보내는 별도의 후원단체 입금계좌로 송금시켜도 된다.

카드사에서는 고객에게 인센티브로 제공하는 일정 금액에 본사에서 일정 금액을 더해 후원하기도 한다. 물론 고객이 지불하는 것은 없다. 단지 카드를 많이 이용한 대가이다.

이제 상품을 판매하는 기업에서 소비자에게 관심을 두지 않는다면 영원히 소비자와 멀어진다는 사실을 명심하자. 제약회사라면 암이나 신장병을 앓고 있는 환자단체에 일정 금액을 후원한다.

제약회사와 약국이 상호 공조하여 고객이 특정 약을 구입하면, 예를 들어 신장병과 관련된 약을 환자가 구입하면 신장병단체나 협회에 일정 금액을 후원한다. 환자인 고객은 자신들의 처지를 이해해주는 제약회사와 약국에 고마움을 느끼고 계속 특정 제약회사와 약국을 이용한다.

서비스가 단순히 친절한 표시로만 고객을 감동시키는 시대는 지났다. 매출액의 일정 금액을 각종 단체, 예를 들면 장애인단체, 고아단체, 유방암 연구재단, 장학단체, 결식아동 단체 등에 돈을 지원해준다. 그러나 돈으로만 지불되는 것은 아니다. 기업의 이미지 차원에서 아예 직원들이 참여하는 각종 후원단체에도 적극적으로 지원한다.

예를 들면 직원들이 매주 장애인협회에 가서 봉사활동을 하는 것을 적극 지원한다. 이런 단체를 초청해서 식사도 한다. 이런 모든 것들이 이미지를 개선하기 위한 노력이다. 또한 기업에서는 휴가 때 자동차도 공짜로 고쳐주고 무료 상담도 해준다.

피자집에서는 피자 한 판을 판매할 때마다 일정 금액이 적립된다. 지역의 결식아동 계좌로 바로 보내진다. "당신이 지금 먹고 있는 피자 한 판이 결식아동의 식사 해결을 도울 수 있습니다"라는 문구를 피자 메뉴판에 써붙인 곳도 있다. 피자집이 돈 버는 데만 목적이 있는 것이 아니라는 사실을 고객에게 알리기 위한 것이다.

봉사활동도 고객 서비스의 일환

필자가 알고 있는 부대찌개 음식점에서는 일요일마다 경로잔치를 벌여 그 지역에서 좋은 이미지를 얻었다. 그렇다고 이 음식점이 규모가 아주 큰 것은 아니다. 그저 30평 남짓한 음식점이다. 그러나 음식점 사장은 영업이익을 위해서인지는 모르겠지만 봉사하는 것이 좋다면서 이 일을 10

년 전부터 계속 해오고 있다.

이렇듯 고객과 함께 가는 서비스가 되어야 한다. 이런 모든 것이 사소한 서비스에서 출발하지만 고객에게 좋은 이미지를 심어주는 것은 물론 지역사회에서도 좋은 평판을 받을 수 있다. "이왕이면 좋은 일에 돈을 많이 기부하는 ○○기업 제품을 사용해야지" 하게 되는 것이다. 커피 한 잔 마실 때마다 단돈 10원 적립, 옷 한 벌 살 때마다 1,000원 적립, 에어컨 한 대 3,000원 등 얼마든지 가능한 일이다.

고객에게는 '우리 기업은 돈만 버는 데 혈안이 되어 있지 않습니다. 소외된 계층을 위해 좋은 일을 많이 하고 있습니다' 라고 홍보하는 효과를 얻을 수 있다. 실질적으로도 이런 소외계층을 위해 많은 노력을 하는 것이 기업의 이미지뿐만 아니라 서비스 차원에서도 좋은 평판을 받을 수 있다.

그렇다면 이런 봉사하는 문화를 어떻게 정착시킬 수 있을까? 이런 행사를 하기에 앞서 연구를 해야 한다. 남이 한다고 무턱대고 따라할 것이 아니라 자신만의 독특한 문화를 만들어야 한다.

직원들을 중심으로 조사해보면 장애인단체, 암 후원단체, 결식아동 단체 등에 가서 휴가를 반납하고 봉사활동을

하는 직원도 많다. 일단 이런 직원들을 과감하게 지원해준다. 아예 기업 차원에서 1년에 며칠 이상은 이런 단체에 가서 봉사활동을 하도록 사내 규정집을 만들어놓는 것도 좋은 아이디어이다. 물론 너무 강제적이면 안 되겠지만 말이다.

서비스에 대한 인식을 이제는 한 차원을 높여서 봉사의 개념으로 확대시킬 필요가 있다. 꼭 돈으로만 후원할 수 있는 것은 아니다. 지역에서 크든 작든 기업을 운영하는 사람이라면, 월 1회 특정 요일을 선정해서 '이번 주는 지역의 청소주간입니다' 라는 팻말을 써붙이고 쓰레기 봉투를 들고 다니면서 하천이나 시장가를 중심으로 쓰레기를 줍는다.

물론 힘든 일이다. "백화점에서 상품 팔기도 바쁜데 쓰레기까지 주우라니" 하면서 불평불만을 하는 직원도 있다. 그러나 지역과 함께 하는 백화점, 지역주민과 함께 하는 음식점, 동네와 함께 하는 문방구, 국민건강과 함께 하는 ○○약품 등 구호를 내걸고 직원들을 이해시키면 이런 행동을 잘 따라준다.

이 역시 고객인 소비자와 함께 열린 세상을 만들자는 것이다. 고객은 주머니를 털어서 기업에서 만든 물건을 구입하고, 기업에서는 그늘진 곳에서 힘들게 살아가는 사람들을 돌보고 모두가 웃는 세상을 만들 때 진정한 기업으로 거듭날 수 있다. 이런 서비스가 그 어떤 서비스보다 훨씬 더 고객에게 감동을 준다.

"이왕이면 이 지역의 불우한 사람들을 위해 봉사하는 저 백화점에 가야지" 하면서 가까이에 다른 백화점이 있어도 거들떠보지 않고 지역에 헌신적으로 봉사하는 백화점에 고객이 몰린다.

당신이 운영하는 음식점, 약국, 병원, 문방구, 세탁소, 은행, 공인중개사, 미용실, 이용실 등에서 어떻게 지역에 봉사할 것인지 지금 이 순간 깊이 생각해보자. 하찮은 일이라도 먼저 시작해보자. 주위의 눈치를 볼 필요가 없다. 다른 사람이 하든 안 하든 매장을 차별화시킬 수 있는 것이 무엇인지 생각해보자. '당신이 구입하는 물건값의 0.5%는 결식아동을 위해 적립시키고 있습니다' 라는 이벤트도 좋은 아이템이다.

당신이 운영하는 매장에서 봉사활동을 하고 있습니까? 만일 하지 않는다면 다음과 같은 방법으로 시도해보십시오.

- 당신이 취급하고 있는 상품과 연계하여 생각하십시오.
  (음식점–결식아동, 이발소–노인이발, 약품회사–각종 질병 후원회 등)
- 직원들이 함께 참여하도록 일정 기간 동안 봉사활동을 근무로 인정해주십시오.
- 상품만 파는 것이 목적이 아니라는 사실을 지역주민들에게 알리십시오.

패키지 상품을 개발하라

"똑같은 메뉴를 판매하는데도 앞집에는 고객이 많지 않은데 이 집만 이렇게 고객이 많은 이유가 뭐요?"라고 묻자, 카운터에 서 있던 주인이 "고객님, 저 앞집에서는 음식을 팔고 있지만 저희 음식점에서는 서비스를 팔고 있기 때문입니다"라고 대답한다.

똑같은 음식을 팔더라도 한쪽은 어떻게 하면 고객에게 더 나은 서비스를 제공할까 고민을 한다는 것이다. 이 음식점은 백화점에서나 볼 수 있는 마일리지를 적용해, 점수가 누적되면 "오늘은 누적점수로 계산해도 됩니다" 하면서 돈을 받지 않는다. 앞집의 음식점과 똑같은 메뉴를 팔고 있지만 서비스에서는 전혀 다르다.

이렇듯 음식점, 주유소, 서점, 항공사, 카드사, 영화관 등에서 한 가지 상품만 판매하면 고객의 기대치에 부응하지 못한다. 이 말은 서비스를 팔아야 한다는 의미이다. 남들과 똑같이 팔아서는 경쟁점을 능가할 수 없으며 고객의 관심을 끌 수 없다.

"주유소에서 안마기까지 준비해놓다니. 찜질방도 아닌데 끝내주는 서비스군." 고객이 깜짝 놀라면서 주위를 돌아보았다. 주유하는 동안 피곤한 고객을 위해 무료 기계 안마 서비스를 해주는 것이다. 이런 서비스는 처음 보았다. 고객을 배려하는 이 주유소야말로 단골이 되어야겠다는 마음이 든다.

"고객을 위해 뭘 못 하겠습니까? 저희가 뭔가 보여줘야 고객을 위한 서비스를 한다는 소리를 들을 거 아닙니까?" 주유소 사장의 말을 들어보면 서비스를 위해 얼마나 노력하는지 알 수 있다.

생각해보라. 주유소에 가면 휘발유나 가스를 넣으면 그만이지 별것 있는가. 그러나 절대 그렇지 않다. 불황이다 보니 고객은 주머니를 아끼고 뭔가 주는 것 없나 두리번거린다.

상품과 함께 서비스도 판매해야 한다

세탁소에서도 우두커니 기다리게 할 것이 아니라 마사지 기구를 준비해놓고 영업을 해보라. 이발소도 마찬가지이다. 앞사람이 머리를 자를 때 신문이나 읽고 거울만 바라보면서 차례를 기다리게 할 것이 아니라 돈 좀 투자해서 발 마사지기를 한 대 준비하라. 공짜로 서비스할 수 없다면 단돈 100원이나 500원 넣고 10분 동안 이용할 수 있게 하면 되지 않겠는가.

이발소에서 기다리는 시간이 너무 지루하다. 머리 좀 잘 깎는다는 이발소는 토요일이나 일요일에 가면 사람들이 너무 북적거려서 신경질이 날 지경이다.

음식점도 마찬가지이다. 복권판매소에서 사야만 복권이 당첨되라는 법은 없다. 갈비집, 해장국집, 빈대떡집, 삼겹살집에서도 "와! 대박났어"라는 말이 나올 수 있다. 일정 매상을 올려준 고객에게 로또복권을 한 장 선사하라. 그 복권을 받은 고객은 무척 좋아할 것이다.

증권사에서도 자신의 증권회사를 이용하는 고객들을 붙들어둘 수 있는 서비스를 해야 한다. 마일리지를 적립해서

제주도 여행 티켓을 주는 것도 좋은 방법이다. 공짜로 준다는 것이 있어야 고객이 몰리는 세상이 되었으니 말이다.

이런 것을 전문용어로 '패키지 상품을 판다'고 한다. 여행사에 가보면 해외여행 상품을 판매할 때 단지 목적지에 데려다주는 상품은 판매하지 않는다. 목적지까지 무엇을 타고 갈 것인가? 비행기냐, 자동차냐, 얼마나 빨리 저렴하게 가느냐가 중요하다. 또한 목적지에 도착해서 어디를 구경갈 것인지, 음식은 어디에서 먹고, 잠은 어느 호텔에서 자고, 선물은 어디에서 구입하고, 가이드는 누가 하고, 이런 것들을 하나로 묶어서 패키지 상품이라고 한다.

고객은 비행기만 타고 간다고 해외여행 상품을 구입하는 것이 아니다. 묶여져 있는 상품이 나에게 얼마나 매력적인지 따져보고, 저렴한 가격의 실속 있는 해외여행 상품에 관심을 갖는다는 것이다.

요즘은 영업을 잘 하려면 이런 패키지 상품을 잘 활용해야 한다. 이런 패키지 상품 중에서도 인센티브라고 하여 공짜로 제공해주는 상품도 많다. 고객은 인터넷으로 검색하여 어디가 싸고, 공짜를 얼마나 많이 주는지 조사한다. 그런 매장에 접속건수가 폭주하는 것만 보아도 짐작할 수 있는 일이다.

서비스는 묶어서 듬뿍 줘야 한다. 공짜라면 더욱 좋다. 그렇다고 고객에게 싼 게 비지떡이라는 인상을 심어주면 곧바로 문을 닫게 된다는 사실을 명심하라.

유명한 온라인 대형 업체인 아마존닷컴을 보면 알 수 있다. 처음에는 서적을 판매하다가 음반, 비디오, 카드까지 판매하더니, 최근에는 온라인 경매 비즈니스까지 서비스하고 있다.

이제 책장사가 책만 판매하는 시대는 지났다. 약장사가 약만 파는 시대도 점차 사라진다. 책도 구입하고 라면이나 김밥도 사먹고 문구도 구입하고 옷도 사입는 등 이 모든 것이 한 상점에서 이루어진다. 그리고 최종 계산하는 과정에서는 자신이 구입한 품목이 각각 적립되기도 하고, 상점의 전체 매출액에서 일정 비율로 환산해서 돈을 돌려주기도 한다.

이런 현상이 점차 확산되고 있다. 어설픈 서비스로는 영업하기가 점점 어려워지고 있다. 그저 "안녕하세요", "감사합니다"라고 앵무새 흉내만 내서는 고객 서비스를 한다고 말할 자격이 없다.

지금 당장 무언가 묶을 수 있는 것이 없나 고민해보라. "우리 집은 이발소인데 뭐를 묶으라고 거야?"라고 짜증내지 말고 안마기계 업체에 당장 연락해서 서로 제휴해 물건도 팔고 공짜로 이익도 챙겨주고 머리도 잘라주라.

그러면 "정말 끝내주는 이발소야. 서비스만큼은 어떤 기업도 따라갈 수 없다니까" 하는 말을 들을 것이다. 고객이 줄을 서서 공간을 넓히지 않으면 안 될 정도가 될 것이다. 이렇듯 서비스 잘 한다고 소문나면 돈도 많이 벌고 성공할 수 있다.

당신이 판매하고 있는 상품을 패키지로 묶어서 서비스가 가능한지 생각해보셨습니까?

- 지금 판매하고 있는 상품에 대해 보조적으로 필요한 것이 무엇인지 생각해보십시오.
- 당신의 매장에서 고객들이 지루하지 않게 기다릴 수 있는 방법을 생각해보십시오.
- 제휴업체에서도 상품을 선전하는 차원에서 의외로 적극적으로 호응할 것입니다.

사소한 서비스도 소홀히 해서는 안 된다

커피의 적정온도와 양은 섭씨 80도 100 밀리그램이다. 물론 이보다 양을 더 많게 하거나 적게 할 수도 있다. 그러나 정확한 온도와 양은 고객에게 매우 중요하다.

만약 당신이 커피를 주문해서 마실 경우 미지근하거나 너무 뜨겁다면 기분이 나쁠 것이다. 특히 단골로 자주 가는 호텔에서 이런 일이 발생했다면 "아니, 주방장의 기분에 따라 커피 온도가 달라지나" 하면서 몹시 화가 날 수도 있다. 무언가 부족한 호텔임에 틀림없다.

만약 호텔의 맨 꼭대기층에 투숙하고 있는 고객이 룸 서비스로 커피 한 잔을 주문했다고 가정하자. 웨이터가 커피를 배달하기 위해 엘리베이터를 타고 가는 과정에서 커피의 온도가 변할 수도 있다. 그럴 수밖에 없지 않은가. 엘리베이터를 타고 고객이 투숙하고 있는 객실까지 도착하는 데 최소한 2~3분은 소요될 테니까.

이런 경우 서비스를 확실하게 하려면 보온통을 준비해서 커피 온도가 처음 그대로 유지되도록 서비스한다. 이렇듯 아무리 짧은 시간이라도 사소한 서비스까지 신경을 써야 한다.

요즘 인터넷으로 많은 정보가 제공되고 있다. 그러나 엄청난 정보량에 비해서 실질적으로 효용가치가 있는 정보는 그리 많지 않은 것 같다. 적어도 고객을 관리하는 차원이라면 고객이 묻는 사항에 대해 사소한 부분도 끝까지 책임지는 자세로 리플을 달아주고, 백과사전을 뒤져서라도, 아니 밤새워 연구해서라도 고객이 의문을 갖는 사항에 대해 알려줘라.

최근에 뜨는 여행사가 있다. 여행객이 묻는 질문사항에 대해 정확하고 실속 있게 답변을 해주기 때문에 고객이 신뢰하여 해당 여행사를 이용하는 것이다. 그저 화면만 그럴 듯하게 만들어놓고 내용은 전혀 없는 홈페이지를 운영하할 거라면 아예 처음부터 만들지 않는 게 낫다. 이 역시 사소한 서비스를 간과하는 것이다.

피자집이나 중국집도 마찬가지이다. 고객은 피자나 자장면을 직접 음식점에 가서 먹기도 하지만, 집에서 전화로 주문하기도 한다. 이럴 때 음식이 식어 맛을 잃어버리는 경우가 있다. 이왕이면 돈을 좀 투자해서 보온 철가방을 준비하라.

그리고 오토바이에 지저분하게 이것저것 싣지 말고 깨끗하게 하고, 깃발을 하나 준비해서 뒤에다 꽂는다. 그러면 보는 사람들에게 청결하다는 이미지를 심어줄 수 있다.

'음식 맛만 좋으면 되지, 오토바이 청결이나 깃발까지 신경 써야 한단 말이오?' 라고 생각할 수 있지만 절대 그렇지 않다. 음식을 갖다주는 서비스인데 고객이 얼마나 많은 의문을 제기하겠는가.

호텔 커피와 마찬가지로 보온통을 준비해서 처음 주방에서 나올 때의 그 맛을 유지하기 위해 노력해야 한다. 한 가지 덧붙이자면 음식 가방이니 청결에 특히 유의해야 한다. 음식을 배달하는 오토바이 역시 깨끗해야 한다.

음식을 배달하기 위해 아파트 입구에 잠시 세워놓은 오

토바이를 보면 기가 막힐 때가 많다. '아니, 저게 뭐야? 연탄 배달하는 리어카 같네'라는 생각이 들 정도로 지저분한 오토바이도 많이 보았다.

조금만 신경을 써도 고객이 좋아하는 경우가 많다. 감기에 걸려 동네병원에서 주사를 맞는 경우를 생각해보자. 주사실에 들어서는 순간 대부분 조금 떨린다. 혈관주사는 더 무섭다. 그러나 간호사가 조금만 신경을 쓰면 환자가 만족해할 수도 있다.

어떤 병원에서는 간호사가 환자의 바지를 내리는 순간 마치 파리를 때려잡듯이 손바닥으로 내리치는 경우도 있다. 한쪽 손으로 후려치면서 그냥 찔러대니 얼마나 아프고 황당하겠는가. 적어도 예고는 하고 찔러야 할 텐데 말이다. 그러고는 "끝났어요" 하고 그냥 나가버린다. 이왕이면 "조금 따끔할 것입니다"라고 말해주고 엉덩이를 살짝 치면서 주사를 놓으면 덜 아플 것이다.

이 역시 사소한 서비스를 그냥 지나쳐버리는 경우이다. 그래서 환자들이 하나둘씩 당신의 병원을 이용하지 않는다는 사실을 명심하라.

의사가 어떻게 알겠는가. 그저 진료하고 "가서 주사 한

방 맞으세요”라고 말한다. 하지만 환자는 그 말이 떨어지기가 무섭게 ‘아이구, 오늘 그 간호사가 비번이면 좋겠는데’ 하면서 떨고 있다.

이렇듯 사소한 서비스는 정말 중요하다. “우리 매장은 서비스가 특별히 필요하지 않은데”라면서 그냥 묵과하지 말고 잘 생각해야 한다.

또 한 가지 있다. 요즘 아이들이 축구를 좋아한다. 특히 한국이 월드컵에서 좋은 경기를 보여준 이후부터 말이다. 그래서 동네마다 축구공 없는 아이들이 없을 정도이다. 그런데 가끔 보면 바람 빠진 축구공을 가지고 노는 경우가 있다.

이럴 때 축구공 판매장에 가보면 한 달 전에 이 매장에서 공을 구입했는데도 바람을 넣어줄 사람이 없다. 이제 갓 7살이 된 어린아이한테 바람 넣는 기구를 휙 던져주고는 “바람은 네가 스스로 넣는 거야” 하는 경우도 많다.

아이가 낑낑대며 바람을 넣었다 뺐다를 반복해도 전혀 신경을 쓰지 않는 매장도 보았다. 혼자 바람을 넣기 힘든 아이라면 “공을 이리 줘봐. 내가 바람을 넣어줄게” 해야 한다. 이 역시 사소한 서비스에 신경을 쓰는 것이다.

조금만 비껴 생각하면 우리 주변에는 고객을 위해 사소하게 신경 써야 할 부분이 너무 많다. 오늘부터 당장 사소한 서비스를 외면하지 않고 실천하고 있는지 살펴보고 전략을 세워보자.

Service point

당신은 사소한 서비스에 대해 생각해본 적 있습니까?

- 품목별로 리스트를 작성하여 각 품목에 대해 추가적으로 신경을 써야 하는 사소한 서비스를 찾아내십시오.
- 판매하는 상품이 아니더라도 부가적으로 신경을 써야 하는 사소한 서비스가 있습니다.
- 사소한 서비스를 간과하다 보면 서비스가 형편없다는 말을 듣습니다.

정기적으로 이벤트를 하자

서비스도 좋고 물건도 좋지만, 그래도 이벤트가 최고다. 요즘 고객들은 뭔가 공짜로 가져가는 것을 좋아한다. 나이트클럽에 가보라. 그저 춤이나 추고 술 먹고 가수가 나와 노래만 부른다고 나이트클럽 운영이 잘 되는 것은 아니다.

"이번 주말 당신이 행운의 주인공이 될 수도 있습니다. 현금 500만 원이 당신을 기다리고 있습니다" 하는 이벤트를 실시한다. 당첨만 되면 현금 500만 원을 가지고 가는 것이다.

한마디로 대박이 아닌가. 기본으로 5만 원어치 술을 먹고 500만 원을 현금으로 가져간다고 생각해보라. 물론 당첨되어야 돈을 가지고 갈 수 있다. 그러나 고객은 긴장한다. 혹시나 현금을 가지고 갈 수 있다는 기대가 나이트클럽 이용객들을 긴장하게 만드는 것이다.

그저 도서상품권 몇 장 갖다놓고 이벤트를 하려면 아예 안 하는 것이 낫다. 과감하게 고객을 긴장시킬 수 있는 이벤트를 해야 고객이 몰린다.

규모가 작은 라이브 카페에서도 다양한 이벤트를 열 수 있다. 예를 들면 각 테이블마다 종을 달아놓는다. 오늘따라 기분이 좋은 고객이 있다. 복권에 당첨된 고객도 방문할 것이고, 지금껏 프러포즈할 때마다 거절당했는데 오늘에야 비로소 사랑하는 사람이 청혼을 받아준 고객도 당신의 매장을 방문할 수 있다. 아니면 술 한잔 하면서 기분이 좋아 어쩔 줄 모르는 고객도 있다. 이때 고객은 자신 앞에 있는 골든 벨을 울린다.

종이 울리는 순간 홀에서 술을 마시고 있던 모든 고객의 술값을 골든 벨을 울린 고객이 대신 지불하는 이벤트다. 이런 이벤트는 사장이 돈을 지불하는 것이 아니고 고객이 지불하는 것이기 때문에 그저 흥만 돋우어주면 된다.

"5번 테이블에 앉아 계신 고객이 여러분을 대신해서 오늘 술값을 지불합니다. 박수로 환영합시다” 하면서 분위기를 띄워준다. 분위기에 휩싸여 고객은 한층 더 술을 많이 마실 것이다.

처음부터 확실한 대박을 준비해놓고 고객을 기다린다. 고객의 입장에서는 아무 영화관에나 가지 않는다. 어쩌다 한 번 들렀다 하더라도 확실한 현금을 놓고 이벤트를 하는 영화관으로 발길을 돌린다. “오늘 영화관에서 300만 원의 당첨금과 함께 영화를 즐기십시오” 하는 곳으로 말이다.

그러나 당일 이벤트보다 월에 한 번 당첨되는 이벤트, 주에 한 번 당첨되는 이벤트가 경비를 아끼는 차원에서 좋다. “월 1회 당첨의 기회를 잡으십시오.”

호텔에서도 이왕이면 로비에 자동차를 한 대 전시해놓고 고객을 기다리자. 소형 자동차가 아니라 에쿠스나 체어맨 정도의 대형 자동차를 경품으로 걸어놓고 고객을 기다리자. 물론 당일 이벤트는 아니다. 1년의 이벤트 행사를 개최하라는 것이다.

음식점에서도 이런 이벤트를 할 수 있다. 단돈 몇 십만 원이라도 걸어놓고 이벤트 행사를 한다. 이벤트를 한다는 것 자체만으로도 음식점 사장이 고객을 위해 서비스를 한

다는 의미를 전달할 수 있다. 1년 365일 아무 행사도 하지 않는 음식점은 고객의 마음을 사로잡을 수 없다.

지속적으로 이벤트를 하는 것이 좋다. 장사가 안 되는 곳만 이벤트를 하는 것이 아니다. 장사가 잘 되고 안 되고에만 너무 신경 쓸 것이 아니라, 이벤트를 하다 보면 고객은 저절로 모인다.

고객에게 주는 것만큼 즐거운 행사는 없다. 업주는 오늘도 주고 내일도 준다는 생각으로 고객을 위한 이벤트 행사를 하라.

이벤트라고 해서 반드시 상금을 걸어놓고 하라는 것은 아니다. 정기적으로 공연도 펼친다. 물론 국립극장 수준의 공연을 하라는 뜻이 아니다. 규모가 작은 음식점에서도 얼마든지 장구 치고 북 치고 노래 부를 수 있다.

예식장에서도 주말만 바쁘지 주중에는 한가하다. 그렇다면 돈을 조금 투자해서 지역사회에 서비스를 하자. 노인들을 초청해서 노래자랑도 열고 음식도 제공하고 장구도 치게 하자.

지역과 함께 하는 예식장, 지역과 함께 하는 노래방……뭔가 이벤트를 만들어보자. 안경점, 공인중개사 사무실, 식당, 주유소, 은행 등 너무도 많다. 장사가 안 된다고 가만히 있지 말고 지역주민들을 대상으로 이벤트를 열어 자신의 매장을 알리자.

가만히 있으면 결코 알려지지 않는다. 매일 요일을 달리해서 이벤트를 하는 업체도 있다.

병원도 마찬가지이다. "아픈 환자들이 오는데 무슨 이벤트를 한다는 말이오?"라고 할 것이 아니라, 환자들을 위해 이벤트를 연다.

가칭 '치매환자들을 위한 음악회', '어린이 심장병 환자들을 위한 개그 이벤트' 등 소재는 얼마든지 있다. 환자라고 슬픔에만 젖어 있으라는 법은 없다. 웃어야 병도 빨리 치료된다.

과감하게 병원 앞마당에서 장기자랑을 개최해보자. 바이올린 독주회는 반드시 음악회관에서만 하라는 법은 없다. 음악으로 병을 고치기도 하는데 독주회, 음악회를 병원에서 여는 것은 당연한 일이다.

뿐만 아니라 지하철역이나 아예 기차 안에서도 이벤트를 한다. 이제는 고객을 찾아가서 고객에게 기쁨을 주는 이벤트가 되어야 한다. 역 광장에서 '광명역 주최 음악회', '고향 가는 열차' 등 이벤트는 얼마든지 있다. 지역의 고등학교와 연계하여 관악대를 초청해서 신나게 이벤트 행사를 한다.

고객은 소리가 나야 모인다. 풍악소리로 고객을 끌어모은다는 생각으로 이벤트를 하자. 경품으로 하는 이벤트, 현금으로 하는 이벤트, 풍악으로 하는 이벤트 등 얼마든지 있다.

당신의 매장은 무엇으로 이벤트를 할 것인지 깊이 생각해보자. 그리고 돈을 좀 써서 이번 기회에 확실한 이벤트를 해보자. 분명히 달라질 것이다. 사소하다고 생각되는 이벤트가 바로 좋은 서비스가 될 수 있다.

당신의 매장에서는 정기적으로 이벤트를 하고 있습니까?

- 많은 돈을 들이지 않고도 이벤트를 할 수 있습니다.
- 종업원들에게 정기적으로 이벤트 아이디어를 공모하십시오.
- 지역주민과 함께 하는 이벤트는 기업의 이미지를 높이는 데 큰 효과가 있습니다.

중앙경제평론사
중앙생활사

Joongang Economy Publishing Co./Joongang Life Publishing Co.

중앙경제평론사는 오늘보다 나은 내일을 창조한다는 신념 아래 설립된 경제·경영서 전문 출판사로서
성공을 꿈꾸는 직장인, 경영인에게 전문지식과 자기계발의 지혜를 주는 책을 발간하고 있습니다.

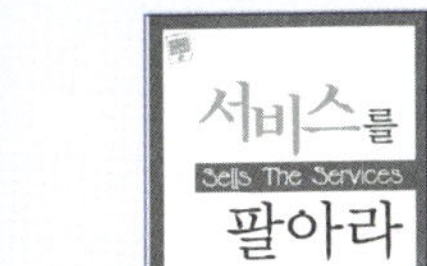

서비스를 팔아라

초판 1쇄 발행 | 2007년 2월 21일
초판 8쇄 발행 | 2010년 6월 15일

지은이 | 김근종(Keunjong Kim)
펴낸이 | 최점옥(Jeomog Choi)
펴낸곳 | 중앙경제평론사(Joongang Economy Publishing Co.)

대　표 | 김용주
편　집 | 한옥수·최진호
디자인 | 최원영
마케팅 | 김치성
관　리 | 김영진
인터넷 | 김회승

출력 | 국제피알　종이 | 타라유통　인쇄·제본 | 신흥P&P

잘못된 책은 바꾸어 드립니다.
가격은 표지 뒷면에 있습니다.

ISBN 978-89-6054-011-8(04320)
ISBN 978-89-88486-78-8(세트)

등록 | 1991년 4월 10일 제2-1153호
주소 | ⓤ100-789 서울시 중구 왕십리길 160(신당5동 171) 도로교통공단 신관 4층
전화 | (02)2253-4463(代)　팩스 | (02)2253-7988
홈페이지 | www.japub.co.kr　이메일 | japub@naver.com | japub21@empal.com
♣ 중앙경제평론사는 중앙생활사·중앙에듀북스와 자매회사입니다.

Copyright ⓒ 2007 by 김근종

이 책은 중앙경제평론사가 저작권자와의 계약에 따라 발행한 것이므로 본사의 서면 허락 없이는
어떠한 형태나 수단으로도 이 책의 내용을 이용하지 못합니다.

▶ **홈페이지에서 구입하시면 많은 혜택이 있습니다.**

※ 이 도서의 **국립중앙도서관 출판시도서목록(CIP)**은 e-CIP 홈페이지(www.nl.go.kr/cip.php)에서
이용하실 수 있습니다.(CIP제어번호: CIP2007000314)